아이들의 신체동기화를 위한

쉽게 따라 하는
감각놀이

모음집 | 아이의 발달과 학습 및 성장을 돕는 **50**가지
간단한 놀이 활동

Joye Newman · Carol Kranowitz 공저 | 양명희 · 김은진 공역

The In-Sync Activity Card Book
50 Simple Activities to Help Children Develop, Learn, and Grow!

학지사

The In-Sync Activity Card Book:
50 Simple Activities to Help Children Develop, Learn, and Grow!
by Joye Newman and Carol Kranowitz

ⓒ 2015 Joye Newman and Carol Kranowitz
Permission for this edition was arranged through Future Horizons, Inc.

Korean Translation Copyright ⓒ 2025 by Hakjisa Publisher, Inc.
The Korean translation rights published by arrangement with
Future Horizons, Inc.

All Rights Reserved.

본 저작물의 한국어판 저작권은
Future Horizons, Inc.와의 독점계약으로 (주)학지사가 소유합니다.
저작권법에 의해 한국 내에서 보호를 받는 저작물이므로
무단 전재와 무단 복제를 금합니다.

역자 서문

아이들은 움직여야 합니다. 신체의 움직임이 뇌를 조직화하기 때문입니다.

아이들이 몸을 움직여 즐겁게 놀면서 함께 시간을 보내기를 바라는 것은 매우 자연스러운 일입니다. 그러나 감각처리에 문제가 있는 아이들은 감각자극을 조직화하는 것이 미숙하고 비효율적이어서 놀이 참여가 어려운 경우가 많습니다. 신체동기화(In-Sync)가 되지 않기 때문입니다. 신체동기화란 신체에서 둘 이상의 조직이나 기관이 동시에 일치하여 함께 움직이거나 제대로 협력하는 상태를 의미하는 것으로, 감각처리가 잘되는 것을 뜻합니다. 감각처리의 문제는 주어지는 자극(촉각의 종류나 접촉의 강도, 소리의 크기나 질, 빛의 밝기나 시각 자극의 종류 등)에 따라 과민하거나 산만하거나 공격적이거나 거부하는 등의 반응으로 나타납니다. 또한 신체의 움직임에서 힘 조절이나 몸의 균형 잡기에도 어려움을 보입니다. 감각처리에 문제가 있는 아이들의 이러한 일반적이지 않은 여러 반응 때문에 부모들은 종종 지치고 화가 나기도 하며 친구나 형제들도 참기 어려워합니다. 결과적으로 아이들은 고립되어 사회성 발달에도 문제가 생깁니다.

　아이들이 일어나서 즐겁게 몸 전체를 능동적으로 움직일 수 있는 다양한 활동 방법을 알려 주는 『아이들의 신체동기화를 위한 쉽게 따라 하는 감각놀이 모음집』을 소개할 수 있어서 참 기쁩니다. 이 책은 아이의 발달 수준별로 활동들을 구분하여 소개하고 있으며, 아이의 구체적 필요에 맞게 개별화할 수 있는 방법을 포함하고 있습니다. 그리고 각 활동마다 ① 필요한 준비물이 무엇인지, ② 아이들을 활동에 참여시킬 수 있는 방법과 그 순서는 무엇인지, ③ 활동을 통해 어떤 영역의 기술이 발달하며 그 기술은 일상생활에서 어떤 경우에 필요한지, ④ 활동의 난이도를 바꾸는 방법은 무엇인지, ⑤ 아이가 활동을 하고 있을 때 살펴보며 확인할 것이 무엇인지 등을 명확하고 친절하게 알려 주는 방식으로 구성되어 있습니다. 그래서 전문가가 아니어도, 부모나 교사, 아이를 돌보는 분들 누구라도 어디서나 쉽게 따라 할 수 있습니다. 또한 이 책의 놀이 활동은 신체동기화를 위해 여러 기술을 동시에 통합하고 있다는 장점이 있고, 특별한 도구를 필요로 하지도 않습니다.

　오늘날 ADHD, 자폐성장애, 정서・행동장애, 학습장애, 느린 학습자, 발달장애, 감각통합장애로 진단받은 아이들 외에도 감각처리에 문제가 있는 아이들이 지속적으로 증가하고 있습니다. 『아이들의 신체동기화를 위한 쉽게 따라 하는 감각놀이 모음집』

에서 소개하는 놀이 활동을 통해 감각처리에 문제가 있는 많은 아이가 신체동기화를 이룰 수 있기를 소망합니다.

  아이들의 움직임은 그들의 신체적·정서적·학업적 발달에 있어서 매우 중요합니다. 아이들은 움직여야 합니다.

"누구든지 나를 섬기는 마음에서 이런 어린아이 하나를 받아들이면, 곧 나를 받아들이는 것이다."(마태복음 18:5)

뜨거운 여름의 문을 열면서,

양명희·김은진

이 책에 대하여

각 활동은 발달에 기반하고 있습니다. 모든 활동은 세 가지 수준으로 구분되어 있습니다.

- 초급: 전형적인 유치원생 발달 수준의 기술
- 중급: 전형적인 초등 저학년생 발달 수준의 기술
- 고급: 전형적인 초등 고학년생 발달 수준의 기술

또한 모든 활동에는 더 많은 기술의 발달을 위해 더욱 난이도가 높은 동작들도 포함되어 있습니다.

융통성 있게 바꿀 수 있습니다. 각 활동에는 여러분 자녀의 구체적 필요에 맞게 개별화할 수 있는 방법이 제시되어 있습니다. 아이들은 저마다 다른 움직임에 비해 더 잘하는 움직임이 있고, 움직임에 대한 확실한 선호가 있으며, 매일매일 똑같은 움직임을 계속 반복하는 것을 좋아하지 않고, 자유롭게 창의력을 발휘하는 것을 좋아하니까요!

많은 기술을 동시에 다룹니다. 활동들은 한 번에 한 가지 기술

에만 집중하기보다, 다양한 기본 감각과 움직임, 시각적 기술들을 통합하도록 되어 있습니다. 또한 각 활동에서 다루는 가장 중요한 기술들이 무엇인지 나열되어 있습니다.

시작합시다!

- 여러분 자녀의 기술이 초급, 중급, 고급 중에서 어느 수준에 해당하는지 결정하세요. 그러나 이런 수준들은 고정되어 있는 것이 아니며, 단지 지침일 뿐임을 기억하세요.
- 그냥 시작해 보세요! 여러분이 선택한 활동이 너무 쉬운 경우를 위해, 그 활동의 난이도를 높이는 방법들도 제안해 두었답니다. 만약 너무 어렵다면, 다른 활동을 선택하세요.

우리는 여러분이 이 프로그램을 여러분의 개인적인 응용 방법과 통합시켜서 여러분과 여러분 자녀의 필요에 맞게 개별화할 수 있기를 바랍니다.

기억하세요!

매일 단 몇 분만 투자하면 여러분의 자녀에게 평생 지속될 수 있는 감동적인 경험을 선사할 수 있습니다.

신체동기화(In-Sync)* 를 시켜 주는 움직임

이제 소아과 의사, 교사, 그외 아동전문가들은 조기 운동발달이 아이의 신체적·정서적·학업적인 측면과 전반적인 성공에 매우 중요하다는 것을 인지합니다. 아이들은 바깥에서 뛰놀고, 나무에 오르고, 웅덩이에서 첨벙거리고, 언덕을 굴러 내려올 때, 그들에게 가장 중요한 감각기술, 지각기술, 시각기술을 발달시키고 있는 것입니다.

감각기술

- 촉각처리(tactile processing)란 피부와 머리카락을 통해 감각을 받아들이고 그런 감각에 반응하는 것입니다. 촉각 입력을 정확하게 해석할 수 있는 뇌를 지닌 아이는 다른 사람이나 사물이 자기 몸에 닿은 때 편안하게 느낍니다.

---

* 역주: 신체에서 둘 이상의 조직/기관이 동시에 일치하여 함께 움직이거나 제대로 협력하는 상태

- 전정처리(vestibular processing)란 내이를 통해 중력에 대한 감각을 받아들이고 그런 감각에 반응하는 것입니다. 아이는 전정처리를 통해 자기 머리가 지구의 표면과 관련지어서 어디에 있는지, 즉 서 있는지, 누워 있는지, 넘어져 있는지를 압니다.
- 고유수용감각(proprioception)이란 근육과 관절로부터 오는 감각에 대한 비의식적 알아차림입니다. 아이는 고유수용감각을 통해 자기가 발바닥으로 쿵쿵거리는지 아니면 발끝으로 걷는지, 얼마나 세게 연필을 쥐어야 하는지, 문을 열기 위해 어떻게 팔을 뻗어야 하는지를 압니다.

지각기술

- 균형은 정적(제자리에 있는 것)인 것과 동적(움직이는 것)인 것이 있는데, 이는 아이가 가만히 계속 앉아 있거나 방을 뛰어다니는 데 도움이 됩니다.
- 양측협응은 몸의 양쪽을 동시에 움직이거나, 두 발로 뛰거나, 글씨를 쓰는 동안 종이가 움직이지 않도록 안정시키는 능력입니다.
- 방향성은 위, 아래, 앞, 뒤, 옆, 대각선 방향의 움직임을 알아차리는 것이고, 지시에 따라 이런 방향들로 움직이는 능력

입니다.
- **편측성**은 몸의 양쪽을 인식하는 것과 몸의 한쪽을 다른 쪽과 독립적으로 움직일 수 있는 능력입니다.
- **중심선 교차**는 손이나 발, 눈을 몸의 중앙선을 건너 교차시켜서 사용할 수 있는 능력입니다. 중심선을 교차하는 것은 주변 세계의 양면을 통합시켜 이해할 뿐 아니라 몸의 양쪽을 통합하는 데도 특별히 중요합니다.
- **운동계획**은 친숙하지 않고 복잡한 몸 움직임의 단계를 협응된 방식으로 조직하고 순서화하는 능력입니다.
- **공간지각**이란 자신의 주변 세계와 관련된 공간에 대한 이해와 그곳에서 '자신이 어디에 있는지'에 대한 이해입니다. 아이들은 공간을 통해 움직임으로써 공간적 관계를 인식하게 됩니다. 스스로 방을 가로질러 기어가는 아이는 다른 사람에 의해 운반되는 아이보다 공간적 차원에 대해 더 많은 것을 배웁니다.

시각기술

- 시력, 양안시기능, 시각적 추적은 중요한 발달 기술들입니다. 글씨 쓰기, 계단 오르기, 공 쥐기 등은 여러분의 자녀에게 많은 복잡한 기술과 능력을 통합할 것을 요구합니다.

여러분의 자녀는 이런 필수적인 기술들을 단지 움직이기만 하는 것으로 획득할 수 있습니다. 이 책을 사용하면 아이에게 마치 달리기 경주에서 앞서 출발하게 하거나 말에 올라타기 좋게 발을 받쳐 주는 것과 같은 도움을 줄 수 있습니다. 즐겨 보세요!

더 많은 자세한 내용에 대해서는 Kranowitz와 Newman이 쓴 책 『신체동기화된 아이로 자라기: 모든 아이가 발달하고, 학습하고, 성장하도록 돕기 위한 간단하고 재미있는 활동들(Growing an In-Sync Child: Simple, Fun Activities to Help Every Child Develop, Learn, and Grow)』을 참고하세요.

몇 초 만에 신체동기화하기

신체동기화란 신체에서 둘 이상의 조직/기관이 동시에 일치하여 함께 움직이거나 제대로 협력하는 상태를 의미합니다. 다음 도표를 사용하면 신체동기화 활동을 즉시 계획할 수 있습니다. 다음 도표에서 '움직임, 방향, 높이, 경로' 칸에 있는 단어를 하나씩 선택하세요. 예를 들어, '걷기, 앞, 높음, 일직선'을 선택했다면 아이에게 "앞을 향해, 발을 높이 하면서, 일직선으로 걸어 보자."라고 할 수 있어요.

여기에서 또 다른 활동을 하고 싶다면, 앞서 선택했던 네 개의 칸(움직임, 방향, 높이, 경로)에 있는 단어들 중에서 한 단어만 바꾸어 보세요. 예를 들어, '걷기'를 '높이 뛰기'로 바꾼다면, "앞을 향해, 발을 높이 하면서, 일직선으로, 높이 뛰며 가 보자."라고 할 수 있어요.

이제 앞쪽의 네 개 칸에 있는 단어들 중에서 하나 이상씩 바꿔 보고, 또 다른 칸(속도, 활동력, 고난이도)에 있는 단어들도 추가해 보세요. 예를 들어, '일직선'을 '지그재그'로 바꾸고, '빠르게'를 추가한다면, "앞을 향해, 발을 높이하면서, 지그재그로, 빠르게 걸어 보렴."이라고 할 수 있어요.

움직임	방향	높이	경로	속도	활동력	고난이도
걷기(walk)	앞	높음	일직선	빠르게	크게	콩주머니 균형 잡기*
달리기(run)	뒤	중간	곡선 모양	느리게	부드럽게	공굴리기
높이뛰기(jump)	목적지 쪽	낮음	지그재그	중간 정도		공 되튀기며 치기
깡충 뛰기(hop)	대각선 쪽		나선형			
구르기(roll)						
껑충 뛰어오르기 (leap)						
질주하기(gallop)						
스케이트 타듯이 밀면서 가기(slide)						
기기(creep)						
흔들며 가기 (wiggle)						

활동을 다르고 더 재미있게 만들기 위해서 얼마든지 다른 단어를 추가할 수 있어요! 즐기세요!

---

* 역주: 콩주머니를 신체의 어느 부위에 얹은 채로 균형을 잡으며 자세를 유지하는 것(예: 콩주머니를 머리에 얹고 걷기)

도움이 되는 힌트

신체동기화 활동들은 여기 제시한 힌트들을 따를 때 가장 성공적일 수 있습니다.

1. 여러분의 목소리가 가장 강력한 도구일 수 있습니다. 억양과 어조는 활동의 전체 모습을 바꿀 수 있습니다. 여러분의 지시에 새로운 차원을 추가하기 위해서 목소리를 명랑하게, 부드럽게, 또는 들뜨게 바꿀 수 있습니다.
2. 적당한 때가 되면, 자녀 앞에 있는 시각적 목표물(예: 램프, 마스킹 테이프, 또는 여러분 자신)에 시선을 고정할 것을 요구해 보세요. 시각적 목표물을 추가하는 것은 아이의 균형, 자세, 주의집중을 향상시킬 수 있습니다.
3. 자녀의 호흡을 알아차리세요. 흔히 사람들은 집중할 때 호흡을 참습니다. 아이의 호흡을 고르게 유지하기 위해서, 아이에게 여러분과 함께 소리 내어 숫자를 세게 하거나 아이와 이야기를 계속 나누세요.
4. 여러분의 팔다리를 '오른쪽' 또는 '왼쪽'으로 지칭할 때는 반

대쪽 손이나 발을 사용하여 시범을 보이세요. 자녀가 여러분과 마주하고 있을 때는, 거울에서처럼 아이의 오른손은 여러분의 왼손을 반영한답니다.

차례

역자 서문 _3

이 책에 대하여 _7

신체동기화(In-Sync)를 시켜 주는 움직임 _9

몇 초 만에 신체동기화하기 _13

도움이 되는 힌트 _15

초급 활동

몸통 지휘봉 · 22

세차 놀이 · 24

발로 박수 치기 · 26

따라쟁이 놀이 · 28

펄럭이는 국수 가락 · 30

벽을 버티기 · 33

팔방놀이 · 35

후프의 날 · 38

뜀뛰기 나라 · 41

공중부양 · 43

보고 나서 되어 보기 · 45

나와 내 그림자 · 48

사다리 오르기 · 51

위에 아래에 · 54

동네 페인트칠 · 57

클립 끼우기 · 60

소금 통 건네기 · 62

박자 따라 하기 · 64

빨리 주워 모으기 게임 · 67

보물찾기 · 70

중급 활동

활기찬 치어리더 · 74

엄지야, 이리 와 · 77

꼬물꼬물이 · 80

재밌는 카드 집어 오기 · 82

조커는 거칠어 · 85

높이뛰기 · 88

주방순찰 · 90

듣고 그리기 · 92

코어 근육 기르기 · 94

냅킨 종이접기 · 96

종이 공 만들기 · 98

사람 장애물 코스 · 101

잡아당겨 모양 만들기 · 104

뱀 놀이 · 106

소리내기 체조 · 109

멈춰! · 112

컵으로 멈춰 세워! · 114

내가 어디 있게? · 117

동작 묘사 단어 따라 하기 · 120

고급 활동

교차로 · 124

뛰면서 철자 말하기 · 127

접시로 해 보자, 해 보자 · 130

일어나서 빛을 발하자 · 133

흔들리는 보트 · 135

국제 수기신호 놀이 · 137

가위가 되어 보자! · 142

길이 맞히기 · 145

재빨리 밀어내고 끌어당기기 · 148

회전문 · 151

벽 따라 공 굴리기 · 154

초급
활동

몸통 지휘봉

준비물

- 크거나 작은 트램펄린
- 박수 칠 두 손, 리듬봉, 드럼 혹은 탬버린

활동 방법

1. "트램펄린에 올라가 봐. 나는 지휘자가 되고, 너의 뛰는 몸은 오케스트라가 되는 거야. 내가 천천히 박수를 치면(드럼을 치면) 너는 천천히 뛰어. 내가 박수를 빨리 치면 너도 빨리 뛰는 거야. 해 보자!"라고 말하세요.
2. "이제 네가 지휘자가 되는 거야. 너의 뛰는 몸이 지휘봉이 될 거

초급

야. 내가 얼마나 빠르게 아니면 얼마나 느리게 박수 칠지를 네가 몸으로 말해 주는 거야. 지휘를 시작하자!"라고 말하세요.

발달 기술*

- (말로 하는 사회적 신호를 알아차리기 위한) 청각처리
- (색연필이나 연필을 사용할 때 언제 세게 잡고 언제 약하게 잡을지를 알기 위한) 고유수용감각
- (책상에 앉아 있기 위한) 전정처리

난이도 높이기

- 박수 치는 속도를 급격히 바꿔 보세요.
- 서서히 느린 속도에서 빠른 속도로 다시 느린 속도로 바꿔 보세요.
- 뜀뛰기에 곁들여서 노래를 부르거나 구호를 외쳐 보게 하세요.

살펴보기

- 아이가 여러분의 박자 속도 변화를 구별하나요?
- 아이가 뛰면서 박수 치는 속도를 스스로 바꾸고, 빠름과 느림의 단계적 변화를 인식하나요?

---

* 역주: 각 활동을 통해 발달하게 되는 기술 영역(감각기술, 지각기술, 시각기술)을 의미하며, 이 책의 9~11쪽의 내용을 참고할 수 있음

세차 놀이

준비물

- 방을 가로지를 수 있을 만큼 기다랗고 튼튼한 줄
- 주름 종이 테이프 혹은 긴 리본 테이프나 털실

활동 방법

1. 주름 종이나 리본 테이프는 약 2.4m 정도씩으로 자르세요. 이것들을 촘촘히 줄에 묶어서, 방을 가로질러 줄을 펼치면 줄에서 늘어뜨려질 수 있게 해 주세요.
2. 줄의 한 쪽 끝을 방문 손잡이에 묶고, 다른 한 쪽 끝은 손으로 잡아 주세요.

3. "네가 어떻게 이 세차장을 지나갈 수 있는지 보여 주렴."이라고 말하세요. 아이가 줄 아래에 늘어진 주름 종이 테이프 사이들을 왔다 갔다 하는 것을 지켜보세요.
4. 아이에게 세차장을 다양한 방법으로 지나가게 해 보세요.
    - 엎드려서
    - 등을 대고 누워서
    - 두 발로 뛰면서

발달 기술

- (샤워 후 수건으로 몸을 닦기 위한) 운동계획
- (목욕용 수세미/수건으로 몸을 씻기 위한) 촉각처리

난이도 높이기

- 줄을 여러 다른 각도에서 잡고, 아이에게 세차장의 높은 쪽이나 낮은 쪽 밑으로 지나가라고 해 보세요.
- 아이가 세차장을 지나갈 때 줄을 부드럽게 흔들어 보세요.

살펴보기

- 아이가 세차장을 지나가갈 때 주름 종이의 느낌을 즐기나요?
- 아이가 요구받은 대로 움직이나요?

발로 박수 치기

준비물

- 앉을 수 있는 장소

활동 방법

1. "손으로 박수 칠 수 있니? 맞아, 할 수 있지! 잘했어! 그럼 발로 박수 칠 수 있겠어?"라고 말하세요.
2. 계속해서
    - 머리를 흔들고, 손을 흔들어 봐.
    - 머리를 끄덕이고, 검지를 까딱거려 봐.
    - 손을 돌려 보고, 발을 돌려 봐.

- 엄지손가락을 꼼지락거리고, 엄지발가락을 꼼지락거려 봐.
- 얼굴을 찡그리고, 손발을 오므려 봐.
- 입을 벌렸다 다물고, 두 손가락을 벌렸다 오므려 봐.

발달 기술

- (지시에 빨리 반응할 수 있기 위한) 청각처리
- (신발에 발을 맞게 넣기 위한) 신체지각
- (카시트에 타기 위한) 운동계획

난이도 높이기

- 아이에게 언어적 지시 없이 여러분의 움직임을 보고 따라 하도록 요구해 보세요.
- 다른 신체 부분을 이용한 다른 움직임을 아이가 제안해 보도록 하세요.
- 아이에게 손과 발을 동시에 박수 치는 것과 같이 움직임끼리 '짝을 지어 보도록' 하세요.

살펴보기

- 아이가 여러분의 지시에 빠르고 정확하게 반응하나요?
- 여러분이 요구할 때, 아이가 동시에 일어나는 움직임들을 만들 수 있나요?

초급

따라쟁이 놀이

준비물
- 필요한 준비물 없음

활동 방법

1. 아이를 마주 보고 서서 "내가 하는 걸 보고 그대로 따라 해 봐."라고 말하세요.
2. 팔을 머리 위로 들어 올려서 바깥쪽으로 뻗어 허벅지까지 반원을 크게 그리며 내리세요. "이제 네가 해 봐."라고 말하세요.
3. "다른 동작이야. 잘 봐 봐."라고 말하세요. 한 발로 중심을 잡고 서서 다른 발을 흔들어 보세요.

4. 아이가 따라 할 수 있도록 여러 방법으로 팔과 다리, 머리를 계속 움직여 보세요.
5. 이제 아이가 이끌게 하고, 여러분이 따라쟁이가 되어 보세요.

발달 기술

- (자전거 페달에 발을 올릴 수 있기 위한) 신체지각
- (발은 페달을 돌리면서 손은 자전거를 조정하기 위한) 운동계획
- (자전거를 탈 때 언제 방향을 바꾸고, 어떻게 장애물을 피하고, 어떻게 멈추고 계속 가는지를 예상하기 위한) 시각처리

난이도 높이기

- 아이에게 여러분의 움직임이 끝날 때까지 기다렸다가 따라 하는 것이 아니라, 여러분 동작을 동시에 따라 하게 해 보세요.
- 여러분이 움직이는 것과 반대로 움직이는 '반대로 따라 하기' 놀이를 해 보세요. 예를 들어, 여러분이 한 손을 높이 들면, 아이는 한 손을 아래로 내리는 거예요.

살펴보기

- 아이의 움직임이 여러분 것과 정확하게 일치하나요?
- 아이가 이끌 때 독창적인 움직임을 만들어 내나요?

펄럭이는 국수 가락

준비물

- 필요한 준비물 없음

활동 방법

1. "네가 어떻게 하늘 끝까지 닿을 수 있는지 보여 줘."라고 말하세요. 여러분의 손을 최대한 높이 뻗으면서 시범을 보여 주세요.
2. "이제 이렇게 너의 손을 발가락에 대 봐. 자, 손으로 '걸어서' 무릎까지, 허벅지까지, 배를 지나고, 가슴, 턱까지, 입을 지나고, 코, 눈, 그리고 이마까지, 그리고 하늘 끝까지 가 보자."라

고 말하세요.

3. "하늘 끝까지 쭉 뻗어 보자. 쭉, 쭉 뻗어 보자! 이제 펄럭이는 국수 가락이 되는 거야! 허리를 숙이고 상체를 펄럭거리면서 통통 튀어 보는 거야."라고 말하세요.

4. "네 손을 발가락에 대 봐. 이제 손으로 '점프하면서' 무릎까지, 허벅지까지, 배를 지나서 가슴, 턱까지, 입을 지나고, 코, 눈, 그리고 이마까지, 하늘 끝까지 가 보자."라고 말하세요.

5. 3번을 반복하면서, 쭉쭉 뻗었다가 펄럭거리는 국수 가락이 돼 보세요.

6. 다음과 같은 움직임 단어들을 사용해서 2번과 3번을 반복하세요.
    - 살금살금 걷기
    - 행진하기
    - 미끄러지기

발달 기술

- (마른 스파게티 면을 잘라서 냄비에 집어넣기 위한) 양측협응
- (요리된 스파게티를 포크로 집기 위한) 고유수용감각
- (기다란 스파게티 가닥을 빨아 먹기 위해 머리를 뒤로 젖히기 위한) 전정처리

난이도 높이기

- 한 번에 한 손만 사용해 보세요.
- 아이에게 '펄럭거리는 국수 가락' 되기를 혼자 해 보라고 하세요.

살펴보기

- 아이가 손을 알맞게 움직이나요?
- 아이가 팔을 높이 뻗나요?
- 아이가 상체와 머리를 이완시키며 쉽게 펄럭거리나요?

벽을 버티기

준비물

- 벽

활동 방법

1. "벽이 무너질 것 같다고 해 보자! 빨리! 벽을 버티자!"라고 말하세요.
2. 벽에 손을 대고 미세요. "너도 손을 벽에다 붙이고 밀어 봐! 밀어, 더 세게!"라고 말하세요.

3. "우리가 또 무엇을 벽에다 대고 밀 수 있을까? 우리 등? 그래, 맞다!"라고 말하세요.
4. 계속해서 몸의 다른 부위를 벽에 대고 밀어 보세요.

발달 기술

- (바지를 입을 때 끌어올리기 위한) 양측협응
- (올바른 팔을 올바른 소매에 집어넣기 위한) 신체지각
- (부츠를 신을 때 끌어당기기 위한) 고유수용감각

난이도 높이기

- 아이에게 한 손, 한쪽 어깨, 한 발, 한쪽 무릎 등 한쪽 신체부위만 벽에 대고 밀어 보게 하세요.
- 아이에게 '한 손과 한쪽 무릎'처럼, 두 개의 다른 신체부위를 동시에 벽에 대고 밀어 보도록 하세요.
- 여러분이 어떻게 하는지 보여 주지 않고, 아이에게 무엇을 할지 말로만 하면서 이 활동을 하게 보세요.
- 아이에게 리더가 되게 해 보세요.

살펴보기

- 아이가 올바른 신체부위를 빠르게 찾나요?
- 아이가 지정된 신체부위들을 벽에 대고 미나요?

팔방놀이

준비물

- 6~9개의 훌라후프
- 분필이나 마스킹 테이프
- 칠판이나 큰 종이
- 콩주머니

활동 방법

1. 아이에게 바닥에 훌라후프를 첫 줄에 두 개, 그다음 줄에 한

개, 그리고 다시 두 개, 한 개 패턴으로 놓으라고 하세요.
2. 만약 실외라면, 분필을 이용해서 훌라후프 안쪽에 1부터 9까지의 숫자를 적어 주세요. 왼쪽에 있는 첫 번째 훌라후프부터 '1'입니다(그림 참조). 실내라면 마스킹 테이프로 숫자를 만들어 붙여 주세요.
3. "훌라후프가 두 개 있을 때는 양발을 훌라후프 안에 각각 하나씩 넣고, 한 개가 있을 때는 양발을 한꺼번에 같이 넣을 수 있겠니? 그리고 다시 돌아오는 거야."라고 말하세요. 필요하다면 행동으로 보여 주세요.
4. 아이에게 콩주머니를 훌라후프 중 하나에 던지라고 하세요.
5. 아이에게 자기가 던진 콩주머니가 있는 훌라후프로 점프해 가서 콩주머니를 주워서 다시 점프해서 돌아오라고 하세요.
6. 아이에게 자기가 콩주머니를 가지고 왔던 훌라후프의 번호를 종이나 칠판 또는 길바닥에 적으라고 하세요.
7. 1부터 9까지의 숫자가 모두 적히거나 아이가 그만하겠다고 할 때까지 계속하세요.

발달 기술

- (자전거를 타기 위한) 평형감각
- (그네를 탈 때 다리를 펌프처럼 구부리면서 그네를 잡고 있기 위한) 양측협응

- (전속력으로 달리기 위한) 편측성
- (야구에서 1루로 뛰어가기 위한) 공간지각

난이도 높이기

- 게임을 시작하기 전에, 먼저 아이에게 1부터 9까지 숫자를 칠판이나 종이에 적게 하세요. 그리고 콩주머니를 주워 왔을 때, 스스로 그 숫자를 하나씩 지우거나 선을 그어 지우게 하세요.
- 1개의 훌라후프만 있는 곳으로는 한 발로만 뛰어가게 하세요.

살펴보기

- 아이가 훌라후프 안과 밖으로 깔끔하게 점프해서 들어가고 나오나요?
- 아이가 콩주머니를 훌라후프 안으로 거의 정확하게 던지나요?
- 아이가 점프할 때 양발이 동시에 땅에 닿나요?

후프의 날

준비물

- 안에 서 있을 수 있을 만큼 큰 훌라후프

활동 방법

1. 아이에게 훌라후프를 바닥에 내려놓고 그 안에 서 보라고 하세요.
2. "내가 얘기하는 것을 어떻게 하는지 보여 줘."라고 말하세요.
   - 코를 훌라후프 밖으로 꺼내기
   - 양발을 훌라후프 밖으로 꺼내고 나머지 몸은 훌라후프 안에 있게 하기

- 팔꿈치랑 무릎을 한 쪽씩만 훌라후프 밖으로 꺼내기
- 머리만 훌라후프 밖으로 꺼내기

3. 아이에게 한 발은 훌라후프 안쪽에 한 발은 훌라후프 바깥쪽에 놓게 한 다음에
    - 훌라후프 테두리를 따라서 점프하게 하세요.
    - 반대 방향으로 점프하게 하세요.
    - 훌라후프 테두리를 따라서 살금살금 걸으며 앞으로 갔다 뒤로 갔다 하게 하세요.

4. 아이에게 한 손은 훌라후프 안쪽에 넣고 두 발은 바깥쪽에 두라고 하세요. 3번에 있는 지시들을 반복하세요.

5. 아이에게 다양한 신체부위를 훌라후프 안쪽, 바깥쪽에 놓고 계속 다른 재미있는 방법으로 움직이라고 해 보세요.

발달 기술

- (스스로 옷을 입기 위한) 신체지각
- (한 동작을 다른 동작과 조화시키기 위한) 운동계획
- (숨바꼭질을 하며 놀기 위한) 공간지각

난이도 높이기

- 아이에게 이렇게 요구하세요.
    ○ 턱을 훌라후프 안에 넣고 나머지 몸은 바깥쪽에 두라고 해

보세요.

○ 한 손과 한 발을 훌라후프 바깥쪽 바닥에 두고 훌라후프 테두리를 따라서 앞으로 갔다 뒤로 갔다 하라고 해 보세요.

○ 아이에게 자기만의 방법으로 훌라후프 테두리를 돌면서, 자기가 어떻게 움직일지 말로 설명하면서 해 보라고 하세요.

살펴보기

- 아이가 요구받은 대로 신체부위를 찾아내고 움직이나요?
- 아이가 요구받은 대로 특정 신체부위를 정확하게 분리할 수 있나요?

뜀뛰기 나라

준비물

- 마스킹 테이프, 분필 혹은 작은 나뭇가지
- 낮은 계단이나 모래놀이상자 테두리

활동 방법

1. 낮은 계단에 아이가 서게 하세요. "얼마나 멀리 뛸 수 있니? 양발로 착지해 봐. 그러면 내가 마스킹 테이프로(분필이나 작

은 나뭇가지로) 그 자리를 표시할게."라고 말하세요.
2. "네가 얼마나 멀리 뛰었는지 보렴! 정말 굉장하구나! 이제 저기 표시해 놓은 것을 보고, 더 멀리 뛰어 봐."라고 말하세요.
3. 매번 아이가 착지했던 곳을 표시해 주면서, 아이가 자기 기록을 갱신할 수 있도록 계속 격려해 주세요.

발달 기술

- (비치 볼을 잡기 위한) 양측협응
- (바다에서 파도를 뛰어넘기 위한) 고유수용감각
- (모래성을 쌓기 위한) 공간지각

난이도 높이기

- 아이가 뛰기 전에 아이에게 땅에 목표 지점을 표시해 보라고 하세요.
- 평평한 땅에서 뛰게 해 보세요.

살펴보기

- 아이가 앞으로 힘껏 뛰기 위한 충분한 '활력'이 있나요?
- 아이가 시각적 표시를 인식하나요?

공중부양

준비물
- 의자

활동 방법

1. 아이에게 의자에 앉아서 양손으로 의자의 가장자리를 잡으라고 하세요.
2. "손은 아래쪽으로 밀면서 엉덩이는 위로 들어 올려 봐. 잘했어!

천천히 내려와. 몇 번 더 다시 해 보자."라고 말하세요.
3. "너 정말 힘이 세구나! 넌 지금 중력을 거스르고 있는 거야!"라고 말하세요.

발달 기술

- (스쿠터를 타기 위한) 평형감각
- (줄넘기를 하기 위한) 양측협응
- (나무 타기를 하기 위한) 고유수용감각

난이도 높이기

- 아이에게 다른 의자들에서 '공중부양'하게 해 보세요.
- 셋을 셀 동안 공중부양한 채로 공중에서 멈춰 있게 해 보세요.
- 공중부양을 열 번 하게 해 보세요.

살펴보기

- 아이가 의자로부터 자기 몸을 들어 올릴 만큼 충분한 상체 힘을 가지고 있나요?
- 아이가 앞으로 기울이지 않고 몸을 똑바로 들어 올리나요?
- 아이가 몸을 의자로 천천히 내리나요?

보고 나서 되어 보기

준비물
- 칠판과 분필

활동 방법
1. "내가 칠판에 별을 그릴게. 내가 그려 놓은 별을 가리키면 네 몸을 어떻게 별처럼 만들 수 있는지 보여 줘."라고 말하세요.
2. "다른 것들도 칠판에 그릴게. 네 몸 전체로 이것들을 각각 어

떻게 만들 수 있는지 보여 줘."라고 말하세요. 그리고 이런 것들을 그리세요.
- 책상
- 달걀
- 대접 같은 그릇
- 나무

3. "내가 이 그림들 중에 하나를 가리키면, 넌 네 몸으로 그 모양을 만드는 거야."라고 말하세요. 아이가 달걀이 되고 나무가 되는 연습을 할 때, 한 번에 한 모양씩 무작위로 가리키세요. 천천히 하세요.

발달 기술

- (어느 발이 어느 쪽 부츠에 들어가는지 알기 위한) 신체지각
- (팔을 재킷 소매에 집어넣기 위한) 운동계획
- (옷장에서 손모아 장갑을 찾기 위한) 시각처리

난이도 높이기

- 아이에게 다른 카테고리들을 생각하게 하고, 여러분의 지시에 따라서 다른 포즈를 취하게 하세요. 예를 들면, 다음과 같습니다.
  ○ 실외: 산, 강, 고속도로, 구름

○ 스포츠: 스키 선수, 카 레이서, 사이클 선수, 투수

○ 생물: 벌레, 거미, 새, 고양이

- 게임을 '듣고 나서 되어 보기'로 바꿔 보세요. 그림을 가리키는 대신에 단어(예: '별')를 말하고 아이에게 몸으로 표현해 보라고 하세요. 아이에게 여러분의 주변 공간에서 여러 다양한 방법으로 움직이고 있으라고 하고, 아이가 움직이고 있는 동안 말로 동작을 지시하세요.

살펴보기

- 아이가 대체적으로 제시된 모양에 맞게 몸을 여러 다양한 포즈로 만드나요?
- 아이가 눈으로 보고 귀로 듣는 것으로 여러분이 원하는 포즈를 인지하나요?

나와 내 그림자

> **준비물**

- 놀이하기에 충분한 땅, 분필 또는 갈색 종이와 색연필
- 콩주머니

> **활동 방법**

1. 아이에게 보도블럭이 깔린 곳(또는 마당, 종이) 위에 누우라고 하세요. "이제 내가 네 몸 전체 윤곽을 따라 그릴 거야. 우린

이걸 네 '그림자'라고 부를 거야."라고 말하세요.
2. 아이 몸의 윤곽을 다 그린 다음에 "됐다, 이제 일어서 봐. 콩주머니를 네 그림자의 머리에 놓으렴. 이제 그림자의 배에 놓아 보렴."이라고 말하세요.
3. 계속해서 여러분이 신체부위를 말할 때, 아이가 콩주머니를 그림자의 신체부위에 갖다 놓도록 하세요.
4. "이제 내가 네 진짜 몸의 어딘가를 만질 테니까 콩주머니를 그림자의 똑같은 부분에 놓아 봐."라고 말하세요.

발달 기술

- (나무 뒤에 숨기 위한) 신체지각
- (결승점을 향해 뛰어가기 위한) 방향성
- (몸의 어떤 부분이 만져졌는지 알기 위한) 촉각처리
- (보물 지도를 사용하기 위한) 시각처리

난이도 높이기

- 아이의 신체부위에서 두 군데를 동시에 만지고, 아이에게 두 개의 콩주머니를 그림자에 놓게 하세요.
- 아이에게 여러분의 몸 윤곽을 따라 그리게 해서 역할을 바꿔 보세요.

살펴보기

- 아이가 여러분이 말하는 언어적 단서로 자기 신체부위를 정확히 아나요?
- 아이가 콩주머니를 그림자에 알맞게 놓나요?

사다리 오르기

> 준비물

• 필요한 준비물 없음

> 활동 방법

1. 아이를 마주 보고 서서 "우리가 사다리를 올라간다고 가정해 보자. 내가 얼마나 높이 팔을 공중에 뻗는지 보렴. 너도 이렇

게 할 수 있어?"라고 말하세요. 여러분의 왼쪽 팔을 최대한 높이 뻗어 보세요. 여러분이 아이와 마주 보고 서 있을 때는 아이가 오른팔을 사용할 때 여러분은 왼팔을 사용해야 한다는 것을 기억하세요.
2. "이제 우리가 오른팔을 공중에 들고 있는 동안 왼쪽 무릎을 들어 보자, 이렇게."라고 말하세요. 여러분은 오른쪽 무릎을 들고, 아이는 왼쪽 무릎을 듭니다.
3. "이렇게 서 있는 동안 다섯까지 세어 보자."라고 말하세요.
4. 좌우를 바꿔 가며 반복하세요.

발달 기술

- (낚시할 때 서 있기 위한) 평형감각
- (물고기를 당기기 위한) 편측성
- (언제 물고기가 걸렸는지 알기 위한) 고유수용감각

난이도 높이기

- 아이가 눈을 감은 채 '사다리 오르기'를 해 보게 하세요.
- 아이가 자세를 유지하고 있는 동안, 숫자를 "일, 이, 삼"이라고 말하며 세는 대신 "하나, 둘, 셋"으로 말하며 세게 해 보세요.

살펴보기

- 아이가 자세를 잡고 있는 동안 평형감각을 유지하나요?
- 아이가 알맞은 팔, 다리를 들어 올리나요?

위에 아래에

준비물

- 콩주머니

활동 방법

1. "어떻게 콩주머니 옆에 있을 수 있는지 보여 주렴. 잘했어! 이제 콩주머니 앞에 있어 보렴."이라고 말하세요.

2. 매번 다른 전치사들을 사용해서 지시를 계속하세요.
   - 뒤쪽에(in back of)
   - 아래에(under)
   - 주위에(around)
   - 위에(over)
   - 안에(in)

발달 기술

- (선생님의 구어적 지시를 따르기 위한) 청각처리
- (종이의 어느 부분에 자기 이름을 써야 할지 알기 위한) 방향성
- (쉬는 시간에 놀이터에서 놀기 위한) 운동계획
- (북적이는 교실에서 자기 책상으로 가는 길을 찾기 위한) 공간지각

난이도 높이기

- 콩주머니 대신에 가구, 공원 벤치, 물웅덩이 등 다른 물체로 대체해 보세요.
- 지시 속에 '오른쪽'과 '왼쪽'을 포함시켜 보세요.
   - "오른팔을 콩주머니의 아래에 둬 보렴."
   - "탁자 옆에 서서 왼손을 그 위에 올려 보렴."
   - "왼쪽 팔꿈치를 문고리 위에 올려 보렴."

살펴보기

- 아이가 전치사를 이해하고 망설임 없이 반응하나요?
- 아이가 올바른 자세를 취하나요?

동네 페인트칠

준비물

- 넓은 페인트 붓과 양동이

활동 방법

1. 바깥에서 아이에게 비어 있는 양동이를 주면서 "물 좀 채워 주렴."이라고 말하세요. 아이가 양동이를 들고 올 수 있을 만큼만 물을 채우게 하세요.
2. "이제 양동이를 들고 이리 오렴."이라고 말하세요. 아이를 집

초급

이나 창고의 벽으로 데려가세요.
3. 아이에게 붓을 주며 "집을 어떻게 페인트칠할 수 있는지 보여 줘."라고 말하세요.
4. "위아래로 붓질하면서 집을 페인트칠하렴. 잘한다!"라고 말하세요.
5. "양옆으로 붓질하면서 집을 페인트칠하렴. 굉장한데!"라고 말하세요.

발달 기술

- (바이올린을 연주하기 위한) 편측성
- (팀파니를 연주하기 위한) 중심선 교차
- (징을 치기 위한) 고유수용감각

난이도 높이기

- 물을 더 채워 양동이를 더 무겁게 해 보세요.
- 아이에게 넓이가 다른 두 개의 붓을 주세요. 양손에 붓을 들고 한 손씩 붓질하다가, 두 손을 같이 붓질하게 해 보세요.
- 아이에게 벽에 도형과 글자들을 그리며 페인트칠하게 해 보세요.

살펴보기

- 아이가 양동이를 잘 나르나요?
- 아이가 크고 넓은 붓질을 할 수 있나요?

클립 끼우기

준비물

- 메모지와 색깔 있는 클립들

활동 방법

1. 메모지 가장자리에 클립 몇 개를 끼우세요. "이 클립들을 가져다가, 여기 내 메모지에 있는 모양대로 네 메모지에 꽂을 수 있겠니?"라고 말하세요.
2. 클립들을 계속 새로 재배열해서 패턴을 더 어렵게 만들어 보세요.

- 더 많은 클립들을 사용하세요.
- 메모지의 두 개 이상의 가장자리에 클립들을 끼우세요.

발달 기술

- (글씨를 쓰기 위한) 편측성
- (연필을 잡기 위한) 촉각처리
- (줄에 맞춰 글씨 쓰기 위한) 시각처리

난이도 높이기

- 클립으로 패턴을 만들기 시작하세요. 아이에게 그 패턴을 이어서 만들어 가게 하세요.
- 아이에게 빨강, 파랑, 노랑, 초록 등 색깔을 말해 주면서 그 색깔의 클립을 사용하게 하세요.

살펴보기

- 아이가 메모지에 클립을 끼우나요?
- 아이가 요구된 대로 패턴을 재현하나요?

소금 통 건네기

준비물

- 테이블에 둘러앉은 서너 명의 사람
- 소금 통

활동 방법

1. 아이의 오른쪽에 앉아서 "소금 통을 나에게 건네줄 수 있니? 지금 소금 통을 집은 그 손으로 건네주렴. 고마워."라고 말하세요.

2. 아이에게 소금 통을 받은 그 손으로 오른쪽에 있는 사람에게 건네주면서 "여기 소금 통이 있어요. 이 소금 통을 한 손으로 받아서, 같은 손으로 옆 사람에게 건네주세요. 우리는 한 손만 이용해서 이 소금 통을 테이블에 앉아 있는 사람들에게 건

네며 돌릴 거예요."라고 말하세요.
3. 다시 소금 통이 여러분에게 돌아오면, "이제 우리가 방금 했던 것을 다시 할 텐데, 이번에는 반대 방향으로 건네줄 거예요."라고 말하세요.
4. 소금 통을 아이에게 건네주고 다시 여러분에게 돌아올 때까지 계속하세요.

발달 기술

- (수도꼭지를 틀고 잠그기 위한) 방향성
- (이를 닦기 위한) 편측성
- (귀고리를 끼우기 위한) 중심선 교차

난이도 높이기

- 한 손마다 두 손가락씩, 합해서 네 손가락만 이용해서 소금 통을 건네주게 해 보세요.
- 양손 모두를 필요로 하는 더 무거운 물건을 건네주게 해 보세요.

살펴보기

- 아이가 소금 통을 건네받을 때와 건네줄 때, 같은 손을 사용하나요?
- 아이가 올바른 방향으로 건네주나요?

박자 따라 하기

준비물

- 두드릴 수 있는 표면(테이블, 드럼, 방바닥, 허벅지)

활동 방법

1. 테이블에서 아이의 옆에 앉으세요. "테이블 위에서 내 손이 만들어 내는 소리를 들어 봐."라고 말하세요. 손을 하나, 둘, 하나, 둘 하는 식으로, 느리고 일정한 박자로 가볍게 두드리세요.

2. "내 손이 하고 있는 대로 너도 해 보렴. 박자를 따라 해 봐."라고 말하세요.
3. 아이가 성공했을 때 이번에는 좀 더 빠르게 박자를 다시 쳐 보세요. 아이에게 여러분의 박자를 따라 해 보라고 하세요.
4. "바로 그거야! 이제, 네 차례야. 내가 따라 할 수 있게 박자를 쳐 봐."라고 말하세요.
5. 교대로 하면서 리듬과 박자를 바꿔 가며 박자 패턴을 점점 더 복잡하게 만들어 보세요.

발달 기술

- (일상의 소리를 구별하기 위한) 청각처리
- (손가락으로 가리키기 위한) 편측성
- [아이용 작은 수레(wagon)를 끌기 위한] 고유수용감각

난이도 높이기

- 다른 신체부위를 이용해서 서로의 박자를 따라 해 보세요.
    - 발 구르기 혹은 점프하기
    - 팔꿈치로 몸의 양 옆구리를 치기
    - 빵빵하게 부풀린 뺨을 손가락으로 두드리기
- 〈반짝반짝 작은 별〉과 같이 익숙한 노래의 박자를 쳐 보고 서로에게 어떤 노래인지 맞춰 보게 하세요.

살펴보기

- 아이가 여러분의 박자를 정확하게 따라 하나요?
- 아이의 두드림이 강하고, 잘 들리나요?
- 아이가 만든 박자 패턴을 알아들을 수 있나요?

빨리 주워 모으기 게임

준비물

- 주변에 있는 물건들

활동 방법

1. "주위를 둘러봐. 내가 '시작!'이라고 말하면, 최대한 빨리 종종걸음으로 가서 손가락으로 파란색 물건 다섯 개를 만지고, 나에게 다시 오는 거야. 준비됐어? 시작!"이라고 말하세요.

2. 아이가 파란색 물건 다섯 개를 만지고 오면, 신체부위를 손가락에서 코로 바꾸세요. 물건 종류를 파란색 물건에서 둥그런

초급

물건으로 바꾸세요. "내가 '시작!'이라고 말하면 양발로 점프해 가서 세 개의 둥그런 물건에 네 코를 대고 오는 거야. 준비 됐어? 시작!"이라고 말하세요.
3. 계속해서 이런 식으로 이동 방법과 물건 종류, 신체부위를 바꿔 보세요. 예를 들면, 다음과 같습니다.
    - "폴짝폴짝 뛰어서, 팔꿈치로, 직선이 있는 물건을 만지고 오렴."
    - "데굴데굴 굴러서, 무릎으로, 네모진 물건을 만지고 오렴."
4. 아이가 지시하게 해 보세요.

발달 기술

- (소프트볼에서 태그 아웃시키기 위한) 신체지각
- (스트라이크 존으로 공을 던지기 위한) 공간지각
- (언제 어디로 공을 던지는지 알기 위한) 시각처리

난이도 높이기

- 예를 들어, "파란색 물건으로 점프해 가서 그 위에 코를 갖다 댄 후에, 초록색 물건으로 굴러가서 그 위에 발가락을 대 봐." 처럼 더 복잡한 지시를 사용해 보세요.
- 아이에게 연필과 종이를 가지고 자기가 물건들을 찾아간 경로를 지도로 그려 보게 하세요.

살펴보기

- 아이가 요구받은 대로 움직이나요?
- 아이가 알맞은 물건을 찾아내나요?
- 아이가 올바른 신체부위를 사용하나요?

보물찾기

준비물

- 플라스틱 통
- 통을 2/3만큼 채울 수 있는 콩이나 모래
- 보물로 사용할 동전, 단추, 작은 자동차, 클립 등

활동 방법

1. 콩이나 모래를 플라스틱 통에 부어 주세요.
2. 아이에게 보물들을 보여 주면서 통 깊숙이 묻으라고 하세요.
3. "이제 손을 통에 집어넣고 동전 두 개를 꺼내 봐."라고 말하세요.

4. 아이가 더 많은 보물을 찾기 위해 손을 통 속 깊숙이 넣게 하세요.

발달 기술

- (신발 끈을 묶거나, 타자를 치기 위한) 촉각처리
- (보지 않고 신발 끈을 묶거나, 타자를 치기 위한) 시각처리

난이도 높이기

- 아이가 물건을 찾아서 통 밖으로 꺼내기 전에 무슨 물건인지 알아맞히게 하세요.
- "동전 한 개와 자동차 한 개를 찾아보렴."과 같이 더 복잡한 지시를 줘 보세요.

살펴보기

- 아이가 성공적으로 보물들을 찾나요?
- 아이가 통 안에 손을 집어넣는 것을 즐기나요?

중급 활동

활기찬 치어리더

준비물
- 응원총채 한 쌍, 티셔츠, 또는 양말 한 쌍

활동 방법
1. 아이에게 응원총채 한 쌍을 주고 흔들어 보게 하세요.
   - 머리 위에서
   - 몸 앞에서

- 양 옆에서
- 등 뒤에서

2. "이제 응원총채가 붓이라고 생각해 보자. 이걸로 동그라미들을 그릴 수 있겠니?"라고 말하세요. 1번에서와 같은 제안을 하세요.
3. 아이가 응원총채로 다음과 같은 것들을 그려 보도록 하세요.
   - 네모
   - 세모
   - 가로선과 세로선

발달 기술

- (페인트 롤러를 이용해서 벽을 칠하기 위한) 양측협응
- (페인트를 휘젓기 위한) 고유수용감각
- (어디를 페인트칠할지 알기 위한) 공간지각

난이도 높이기

- 아이에게 숫자 8이나 별 같이 더 어려운 모양을 '그리게' 해 보세요.
- 아이에게 한 번에 한 손씩 모양을 그리게 하세요. 손을 바꿔 가며 하도록 하세요.

살펴보기

- 아이가 튼튼한 팔을 사용하며 응원총채를 흔드나요?
- 아이가 공간 개념을 이해하나요?
- 아이가 비교적 정확하게 모양을 그리나요?

엄지야, 이리 와

준비물
- 필요한 준비물 없음

활동 방법

1. 아이가 등을 대고 누워 있는 동안 "두 손을 깍지 끼고 하늘을 향에 뻗어 보렴. 두 손은 그대로 잡은 채로 엄지손가락만 펴 봐. 두 손을 천천히 코로 가져오면서 계속 엄지손가락을 쳐다 보렴."이라고 말하세요.

2. 아이의 엄지손가락이 코에서 10cm 정도로 가까워졌을 때 "잘 했어! 이제 계속 엄지손가락을 쳐다보면서 다시 두 손을 위로 올려 봐."라고 말하세요.

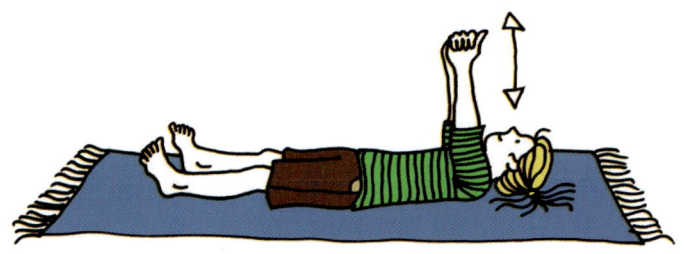

3. 아이가 두 손을 코 쪽으로 가져올 때 아이의 눈동자가 안쪽으로 모이는지 확인하세요. 두 손을 위로 뻗을 때는 눈동자가 다시 똑바로 되어야 합니다.
4. 다섯 번 반복하세요.
5. 아이가 두 손을 깍지 낀 채로 이 활동을 잘했다면 1번부터 3번까지를 한 번에 한 손씩 사용해서 해 보라고 하세요. 각 손에 대해서 같은 횟수만큼 이 활동을 하도록 하세요. 처음과 같이 두 손을 같이 사용하는 것으로 이 활동을 마치세요.

발달 기술

- (팔다리를 천천히 또는 빨리 구부렸다 펴기 위한) 고유수용감각
- (물체가 가까이 오고 멀어지는 것을 보기 위한) 시각처리

난이도 높이기

- 아이가 손가락을 코 쪽으로 가져올 때 크게 숨을 들이쉬고 손가락을 위로 뻗을 때 숨을 내쉬라고 해 보세요.
- 아이에게 의자에 앉아서 발을 바닥에 붙인 채로 이 활동을 해 보라고 하세요.
- 아이에게 서 있는 상태에서 이 활동을 해 보라고 하세요.
- 15cm 정도 되는 줄에 서너 개의 구슬을 꿰어서 한 쪽 끝을 문

고리에 묶어 주세요[이것은 '브록 스트링(brock string)'*이라고 합니다]. 아이에게 끈의 다른 한 쪽 끝을 콧대에 놓고 잡으라고 하세요. 문에 가깝게 있는 가장 멀리 있는 구슬부터 코에 가장 가깝게 있는 구슬까지 차례차례 순서대로 쳐다보라고 하세요.

살펴보기

- 아이가 두 손을 코에서 점점 멀리, 코로 점점 가까이할 때 천천히 부드럽게 움직이나요?
- 아이의 두 눈동자가 서로 부드럽게 가까워졌다 멀어졌다 하나요?

---

* 역주: 눈을 모아서 보는 것과 벌려서 보는 두 가지 상태에 대한 감각적 운동능력을 개선시키는 시기능 훈련도구

꼬물꼬물이

준비물

- 필요한 준비물 없음

활동 방법

1. "손과 무릎을 이용해서 방을 가로질러 기어갈 수 있는지 보여 주렴. 얼마나 천천히 갈 수 있니?"라고 말하세요.
2. "이번에는 손을 방바닥에서 미끄러지게 하면서 기어가 봐. 무릎은 아직 바닥에서 떨어지게 하면서 말이야. 넌 이제 '꼬물꼬물이'라는 새로운 생물이 된 거야!"라고 말하세요.
3. 아이에게 온 집안에서 '꼬물꼬물이'가 되어 다니게 하세요.

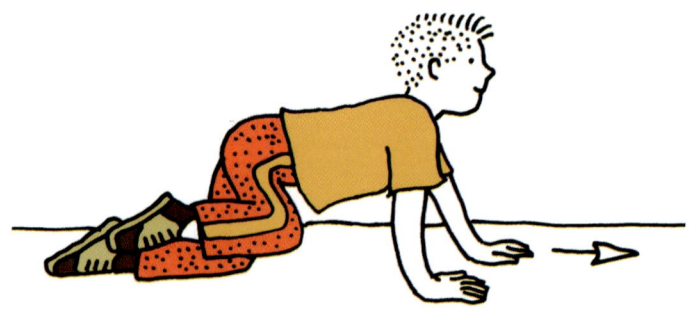

발달 기술

- (베갯잇에서 베개를 꺼내기 위한) 편측성
- (침대 시트를 바꾸기 위한) 운동계획
- (침대보의 주름을 펴기 위한) 촉각처리

난이도 높이기

- 아이에게 손을 방바닥에 미끄러지게 하면서 기어서 뒤로 이동해 보라고 하세요.
- 아이에게 카펫이나 잔디 같은 다른 종류의 표면에서 미끄러지며 기어가게 해 보세요.

살펴보기

- 아이가 기어다닐 때 서로 반대편 손과 발을 사용하나요?
- 아이가 무릎은 계속 들어 올리면서 손은 방바닥에 미끄러지게 하나요?

재밌는 카드 집어 오기

준비물

- 트럼프 카드 한 벌

활동 방법

1. 아이에게 카드 한 벌을 주면서 "카드를 공중에 던져서 바닥에 다 흩어지도록 해 보렴."이라고 말하세요.
2. "숫자와 얼굴들을 볼 수 있게 카드들을 다 뒤집어 보렴."이라

고 말하세요.

3. "두 발로 점프해서 나에게 ……를 가져다주렴."이라고 말하세요.
   - 에이스 네 장
   - 빨간 카드 여덟 장
   - 스페이드 일곱 장

4. 아이에게 다른 방법들로 움직이면서 카드를 가져오게 해 보세요.
   - 굴러서
   - 폴짝폴짝 뛰어서
   - 기어서
   - 아주 조금씩 움직여서

발달 기술

- (지시를 따르기 위한) 청각처리
- (잡초를 뽑기 위해 몸을 구부리기 위한) 전정처리
- (잡초와 꽃을 구별하기 위한) 시각처리

난이도 높이기

- 아이에게, 예를 들어 "에이스 두 장, 스페이드 네 장, 검은 카드 한 장을 가져오렴."과 같이 더 복잡한 지시를 해 보세요.

- "숫자를 다 더하면 11이 되는 카드 세 장을 가져오렴."과 같이 수학 연산을 연습시키며 해 보세요.

살펴보기

- 아이가 알맞은 카드를 집어 오나요?
- 아이가 움직임 지시에 맞게 움직이나요?

조커는 거칠어

준비물

- 트럼프 카드 한 벌

활동 방법

1. 얼굴이 그려져 있는 카드들을 나머지 카드들과 구별해 놓으세요.
2. 아이에게 얼굴이 그려져 있는 카드들을 보여 주세요. 아이와 함께, 각 얼굴 카드가 각각 다른 움직임을 상징하도록 정하세

요. 예를 들면, 다음과 같습니다.

- 잭=점프하기
- 여왕=등 뒤에서 박수 치기
- 왕=스쿼트하기
- 조커=아이가 고르는 움직임 아무거나 하기

3. 나머지 카드들을 앞면이 보이지 않도록 바닥에 흩어 놓으세요. 얼굴이 그려져 있는 카드들은 아이가 볼 수 없게 여러분이 손에 들고 있으세요.

4. "내 손에서 카드 한 장을 뽑아 봐. 그리고 바닥에서도 카드 한 장을 골라 보렴. 얼굴이 그려진 카드는 네가 어떤 움직임을 할지를 말해 줄 거고, 숫자 카드는 그 움직임을 몇 번 할지 말해 줄 거야."라고 말하세요. 예를 들어서, 아이가 스페이드 6과 하트 여왕을 뽑는다면 아이는 등 뒤에서 박수를 여섯 번 치는 거예요.

5. 몇 번 더 반복하세요.

발달 기술

- (야구공을 번트*하기 위한) 양측협응
- (공을 치고 달리기 위한) 운동계획

---

* 역주: 야구에서 투수가 던진 공이 가까운 거리에 떨어지도록 타자가 배트를 공에 가볍게 대듯이 맞추는 것

- (경기장에서 일어나는 경기를 해석하기 위한) 시각처리

난이도 높이기

- 아이에게 숫자 카드를 두 장 골라서, 숫자들을 더한 수만큼 반복하게 하세요.
- 더 어려운 움직임 동작들을 소개해 보세요.

살펴보기

- 아이가 카드 그림을 움직임 동작으로 해석할 수 있나요?
- 아이가 숫자를 정확하게 세나요?

높이뛰기

준비물

- 테니스 공

활동 방법

1. "네가 제자리에서 어떻게 위아래로 뛸 수 있는지 보여 줘."라고 말하세요.
2. "내가 이제 이 공을 너한테 굴릴 거야. 공이 네 발밑으로 굴러서 지나가도록 똑바로 높이 뛸 수 있는지 보여 줘. 두 발이 동시에 착지해야 해. 알았지?"라고 말하세요.
3. 아이의 발 쪽으로 공을 천천히 굴리세요.
4. "내가 공을 굴릴 때마다 높이 뛰렴. 공이 네 발에 닿지 않고 굴러가면 네가 점수를 얻는 거야. 우리 몇 점을 얻

을까?"라고 말하세요.

발달 기술

- (팔 굽혀 펴기와 팔 벌려 높이뛰기를 하기 위한) 양측협응
- (장애물들 사이로 이동하기 위한) 공간지각
- (같은 팀에게 공을 패스하기 위한) 시각처리

난이도 높이기

- 공을 더 빨리 굴리세요.
- 공이 아이에게 가 닿을 정도로 굴리되, 아이의 발에는 닿지 않게 하는 속임수를 써 보세요. "공이 발 밑으로 굴러가지 않으면, 높이 뛰지 마!"라고 말하세요.
- 더 큰 공을 사용하세요.

살펴보기

- 아이가 두 발로 동시에 점프하나요?
- 아이가 공이 오는 길을 정확하게 판단하나요?

주방순찰

준비물

- 당근, 오이, 감자와 같이 껍질을 벗길 수 있는 야채
- 감자 깎는 칼

활동 방법

1. "부엌에서 이 야채들의 껍질을 벗기는 것을 도와주렴."이라고 말하세요.

2. 한 손으로 당근을 잡고 다른 한 손으로 껍질을 벗기는 것을 아이에게 보여 주세요. 어느 쪽 손으로 벗기는 것이 편한지 아이에게 해 보도록 하세요.

발달 기술

- (가위를 사용하기 위한) 편측성
- (풀 통에 들어 있는 풀을 짜기 위한) 고유수용감각
- (지저분한 미술 프로젝트를 하기 위한) 촉각처리

난이도 높이기

- 껍질을 벗기면서 노래를 부르게 하세요.
- 아이에게 벗긴 껍질들을 긁어모아서 용기에 담게 하세요.

살펴보기

- 아이가 감자 깎는 칼을 올바르게 사용하나요?
- 아이가 이 활동을 즐기나요?

듣고 그리기

준비물

- 모조지(전지와 같이 큰 종이)
- 크레용(마커펜 아님)
- 가사 없이 녹음된 악기 연주 음악

활동 방법

1. 클래식이나 재즈 같이 악기로만 연주하는 음악을 트세요. 벽에

모조지를 붙이고 크레용이 들어 있는 상자를 가까이 두세요.
2. 아이에게 음악이 영감을 주는 대로 그려 보라고 하세요.
3. 필요하다면, 아이에게 크레용을 세게 누르면 색깔이 더 진하게 칠해진다는 것을 알려 주세요.
4. 모조지와 음악을 바꾸세요. 다양한 분위기와 박자, 리듬을 가진 음악을 고르세요.

발달 기술

- (기타를 조율하기 위한) 청각처리
- (기타를 연주하기 위한) 고유수용감각
- (기타 코드를 잡기 위한) 촉각처리

난이도 높이기

- 다른 손을 이용해서 그림을 그리게 하세요.
- 두꺼운 전화번호부 책이나 튼튼한 신발 상자 위에서 균형을 잡고 서서 그리게 하세요.

살펴보기

- 아이가 음악의 종류에 따라 선을 다르게 그리나요?
- 아이가 크레용을 부러뜨리지 않고 (진하거나 연한 색깔을 얻기 위해) 힘을 조절해서 그리나요?

코어 근육 기르기

준비물
- 벽

활동 방법

1. "바닥에서 앉은키가 더 커지게 하는 법을 연습해 보자. 벽에 등을 기대고 앉아 보자. 다리를 앞으로 쭉 펴고, 발가락들은 천장을 향하게 하고, 등과 어깨는 벽에 붙일 거야."라고 말하세요. (아이의 등을 벽에 기대게 하는 것이 너무 어렵다면 무릎을 구부리게 하세요.)

2. "앉은키가 커지도록 몸을 쭉 펴 봐. 네 등하고 벽 사이에 공간이 없게, 계속해서 뒤로 미는 거야. 그 사이에 손을 넣어 확인해 보렴. 네 등과 벽 사이에 공간이 있니?"라고 말하세요.

3. "이제 벽을 따라서 머리 위

로 팔을 쭉 올려 보자."라고 말하고, 행동으로 보여 주세요.
4. "이제 너도 해 보렴. 잘한다! 이제 팔을 다시 천천히 바닥으로 내려 보자."라고 말하세요.
5. 여섯 번을 반복하세요.

발달 기술

- (의자에 똑바로 앉기 위한) 양측협응
- (발은 바닥에 붙이고 손으로 첼로의 활을 잡기 위한) 신체지각
- (첼로를 연주하기 위한) 고유수용감각

난이도 높이기

- 아이가 두 팔을 올릴 때 숨을 들이쉬고, 두 팔을 내릴 때 숨을 내쉬게 하세요.
- 아이가 의자에 앉아서 이 활동을 하게 하세요.

살펴보기

- 아이가 벽에 등을 딱 붙이고 똑바로 앉나요?
- 두 팔을 위로 올리는 동작이 부드럽고 정연한가요?

냅킨 종이접기

준비물

- 냅킨
- 종이
- 펜, 연필 혹은 색연필

활동 방법

1. 종이에 직사각형, 정사각형, 삼각형을 그리세요.
2. 아이에게 냅킨을 주세요. 종이에 그린 직사각형을 가리키며, "냅킨을 이런 모양으로 만들어 봐."라고 하세요.

3. 정사각형과 삼각형 모양도 접어 보게 하세요.

4. 접은 냅킨들을 식탁의 접시들 옆에 놓게 하세요.

발달 기술

- (종이비행기와 종이배를 만들기 위한) 방향성
- (종이의 평평한 면과 접은 자국이 있는 가장자리를 구별하기 위한) 촉각처리
- (도형과 글자를 마음속에 그리기 위한) 시각처리

난이도 높이기

- 아이에게 가족들의 식사 자리를 정해 주라고 하세요. "아빠, 아빠는 오늘 삼각형 냅킨 자리에 앉아요. 엄마는 정사각형 냅킨 자리에요."
- 사다리꼴이나 원통 모양 같은 더 어려운 모양을 제안해 보세요.
- 여러분이 그린 그림의 도움 없이 아이가 스스로 냅킨을 접어 보게 하세요.

살펴보기

- 여러분이 그린 도형을 따라서 아이가 냅킨을 접나요?
- 아이가 접은 냅킨의 접힌 부분이 매끄러운가요?

종이 공 만들기

준비물

- A4 용지 크기의 종이(이면지)

활동 방법

1. "내가 이 종이를 반으로 접는 걸 봐."라고 말하세요. 종이를 반으로 접어서 접은 자리를 손톱으로 문지르세요.
2. "이제 네가 종이를 가지고 반으로 접고 손톱으로 문질러 봐." 라고 말하세요. 아이가 손톱으로 꾹꾹 누르게 하세요.

3. "내가 어떻게 한 손으로 종이를 잡고 다른 한 손으로 종이를 반으로 자르는지 보렴. 이제 이 종이를 또 반으로 접고 손톱으로 문지를 거야. 너도 네 종이로 똑같이 해 보렴."이라고 말하세요.
4. 아이가 종이를 계속 더 작은 조각들로 접고 자르게 하세요.
5. 종이가 5×5cm 정도의 정사각형이 되었을 때, "내가 이제 한 손만 사용해서 이 종이를 구겨서 작은 공으로 만들 거야. 그리고 같은 손을 사용해서 종이를 펼 거야. 다시 종이를 구기면서 정말 꽉 쥘 거야. 너도 할 수 있겠니?"라고 말하세요.
6. 다른 종이로 1번부터 5번까지의 단계를 반복하세요.
7. 만들어진 작은 종이 공들로 서로에게 던지면서 노는 것으로 마무리하세요.

발달 기술

- (수도꼭지를 돌리기 위한) 편측성
- (이를 닦기 위한) 고유수용감각
- (칫솔에 치약을 짜기 위한) 촉각처리

난이도 높이기

- 양손을 이용해서 종이 두 장을 동시에 구겼다가 펴게 하세요.
- 누가 더 빨리 종이를 구기고 펴는지 시합해 보세요.

- 다양한 질감과 크기의 종이를 이용해 보세요. 신문지, 휴지, 두꺼운 종이로 시도해 보세요.

살펴보기

- 아이가 종이를 정확하게 접나요?
- 아이가 종이를 깔끔하게 찢기 위해 두 손을 알맞게 사용하나요?
- 아이가 자기 몸이나 다른 표면에 종이를 갖다 대지 않고 한 손만 사용해서 종이를 쥐나요?

사람 장애물 코스

준비물

- 대여섯 명의 가족과 친구들

활동 방법

1. "내 몸을 가지고 네가 타고 넘어갈 수 있는 자세를 만들어 봐. 그렇지, 이제 넘어가 봐."라고 말하세요.
2. "이제 내 몸을 가지고 네가 밑으로 지나갈 수 있는 자세를 만

들어 봐."라고 말하세요.
3. 계속해서 아이가 다양한 전치사들을 이용해서 다른 사람들을 장애물로 만들도록 하세요.
    - 밑으로
    - 돌아서
    - 사이로
    - 안으로 들어가고 나오는
4. "이제 모든 사람 장애물을 한 곳으로 모으자. 나는 '위로 넘어가는 장애물'이고, 할머니는 '둘러서 돌아가는 장애물'이야."라고 하면서 다른 가족들에 대해서도 말해 주세요.
5. 아이가 자기가 만든 장애물 코스를 지나가게 하세요.

발달 기술

- (손으로 글씨를 쓰고 수학 공부를 하기 위한) 방향성
- (가방에 물건을 집어넣고 꺼내기 위한) 운동계획
- (무거운 문을 밀고 잡고 있기 위한) 고유수용감각
- (종이로 거리를 판단하기 위한) 공간지각

난이도 높이기

- 아이에게 장애물 코스를 다음 같이 지나가게 해 보세요.
    - 뒷걸음질로

○ 옆으로 걸어서

○ 조용히

○ 시끄럽게

살펴보기

- 아이가 전치사의 개념을 이해하나요?
- 아이가 사람들의 자세를 만들 때 자기 몸으로 실지로 보여 주나요?

잡아당겨 모양 만들기

준비물

- 동그라미 모양으로 단단히 묶여 있는, 아이 키의 두 배 길이가 되는 고무 밴드

활동 방법

1. 아이에게 고무 밴드를 주면서 "삼각형은 변이 몇 개지? 맞아. 신체부위 중 세 군데를 이용해서 이 고무 밴드로 삼각형을 만들 수 있을까?"라고 말하세요.

2. 반복해서 아이에게 고무 밴드를 이용해서 이런 모양들을 만들어 보라고 하세요.
   - 정사각형
   - 직사각형
   - 수직선
   - 수평선
   - 오각형

발달 기술

- (기하학 시간에 컴퍼스를 사용하기 위한) 운동계획
- (컴퍼스의 바늘을 제자리에 있게 하기 위한) 고유수용감각
- (각도기의 각도를 읽기 위한) 시각처리

난이도 높이기

- 아이에게 먼저 어떤 모양을 그리게 한 다음, 고무 밴드로 만들어 보라고 하세요.
- 누운 자세로 모양을 만들어 보라고 하세요.

살펴보기

- 아이가 고무 밴드를 제어하나요?
- 아이가 정확한 도형을 만드나요?

중급

뱀 놀이

준비물

- 45cm 정도 길이의 밧줄

활동 방법

1. 아이에게 밧줄을 건네주면서 "이 밧줄이 상냥한 뱀이라고 해 보자. 뱀에게 '안녕'이라고 해 봐."라고 말하세요.
2. "뱀을 어깨 위에 올려놓고 부드럽게 쓰다듬어 봐. 이제 다른 쪽 어깨에 올려 보렴."이라고 말하세요.
3. 아이에게 다음과 같은 신체부위 위에 뱀을 올려놓고 균형을 잡게 해 보세요.
    - 무릎
    - 손목
    - 머리
    - 발
4. 아이에게 뱀을 땅에 일직선으로 놓고, 어떻게 다음과 같이 할 수 있

는지 보여 달라고 하세요.
- 뱀을 뛰어넘기
- 뱀을 뒤로 뛰어넘기
- 뱀 위로 걷기

5. 아이에게 뱀을 어떻게 다음과 같은 모양으로 만들 수 있는지 보여 달라고 하세요.
- 동그라미
- 세모
- 한글 자모

발달 기술

- (운동화를 신기 위한) 신체지각
- (양말과 운동화의 텅*을 바로 하기 위한) 촉각처리
- (보지 않고 운동화 끈을 묶을 수 있을 때까지 손으로 끈 묶는 것을 보기 위한) 시각처리

난이도 높이기

- 아이에게 두 개의 '뱀'을 주고, 이 활동들을 다시 해 보라고 하세요.

---

* 역주: 운동화 상단 부분에 달린 운동화끈 고리에 운동화끈을 끼워 여미었을 때 발등과의 쓸림을 막기 위해 덧대어진 부위로, '설포'라고도 함

- 아이에게 손으로 뱀을 최대한 많이 구겨 보라고 한 뒤, 바닥에 떨어뜨리라고 해 보세요. "뱀처럼 네 몸도 저런 모양으로 만들 수 있겠니?"라고 말하세요.

살펴보기

- 아이가 여러분의 지시를 따르나요?
- 아이가 쉽게 자세를 취하고 밧줄을 다루나요?

소리내기 체조

준비물

- 필요한 준비물 없음

활동 방법

1. "모음을 소리 내 보자. 아, 에, 이, 오, 우. 잘했어, 그렇게 하는 거야! 이제 우리는 그 모음들을 가지고 놀 거야."라고 말하세요.

2. "얼마나 길게 '아' 소리를 낼 수 있지?"라고 물어보세요. 아이가 최소한 5초 이상 소리를 낼 수 있도록 격려해 주세요.

3. "이제 그 똑같은 '아' 소리를 천천히 몸을 구부려서 손으로 발가락을 만지면서 내 보자. 잘하네!"라고 말하세요.

4. 계속해서 손으로 만질 신체부위와 소리를 짝지어 주고, 아이가 몸을 움직이면서도 모음 소리를 유지하는지 살펴보세요.
    - 에=무릎
    - 이=배꼽
    - 오=턱
    - 우=정수리

발달 기술

- (새로운 언어를 배우기 위한) 청각처리
- (옷을 입기 위한) 신체지각
- (비행기를 타기 위한) 전정처리

난이도 높이기

- 아이에게 시작할 때 모음에 자음을 붙여서 해 보게 하세요. 예를 들면, 다음과 같습니다.
    ○ ㅅ=사, 세, 시, 소, 수
    ○ ㅍ=파, 페, 피, 포, 푸

○ ㅌ=타, 테, 티, 토, 투
- 소리에 다른 신체부위들을 짝지어 보세요.

살펴보기

- 아이가 소리 내는 것과 움직이는 동작이 동시에 일어나나요?
- 아이가 소리내기를 지속시킬 수 있나요?

멈춰!

준비물
- 테니스 공

활동 방법

1. 아이가 여러분과 최소한 2m 정도 떨어져서 바닥에 앉게 하세요.
2. 공을 여러분의 한 쪽 손에서 다른 쪽 손으로 굴려 옮기면서, 공 위에 여러분의 손바닥을 올려놓아서 공이 멈추게 하세요. "내가 손으로 이 공을 어떻게 멈추는지 봐 봐."라고 말하세요.
3. 천천히 아이에게 공을 굴려서 아이가 공 위에 손바닥을 올려서 공을 멈추게 하세요.

4. "이번에는 네 차례야. 어떻게 팔꿈치로 공을 멈출 수 있는지 보여 주렴."이라고 말하세요.
5. 이 활동을 반복하면서 아이가 턱이나 무릎, 발 같은 다른 신체부위로도 공을 멈추게 해 보세요.

발달 기술

- (옷의 어느 부분을 어떤 신체부위에 입는지 알기 위한) 신체지각
- (옷의 각 부분에 알맞은 신체부위를 넣어서 입기 위한) 운동계획
- (어떤 옷을 입을지 정하기 위한) 시각처리

난이도 높이기

- 속도를 다양하게 해서 공을 굴려 보세요.
- 공을 아이에게 똑바로 굴려 주지 말고 살짝 아이 옆으로 굴려 보세요.
- 아이가 서 있는 자세로 이 게임을 해 보게 하세요.

살펴보기

- 아이가 요구된 대로 신체부위를 사용하나요?
- 아이가 정확하게 공을 멈추나요?

컵으로 멈춰 세워!

준비물

- 테니스 공
- 플라스틱 컵 두 개 (가능하다면 서로 다른 색깔)

활동 방법

1. 아이가 여러분과 최소한 2m 정도 떨어져서 바닥에 앉게 하세요.

2. 공을 여러분의 한 쪽 손에서 다른 쪽 손으로 굴려 옮기면서, 공 위로 컵을 덮어서 공을 멈추게 하세요. "내가 컵으로 이 공을 어떻게 멈추는지 보렴."이라고 말하세요.

3. 천천히 아이에게 공을 굴려서 아이가 공 위에 컵을 덮어서 공을 멈추게 하세요.
4. "이제 컵을 두 손으로 잡고, 다시 공을 잡는 거야."라고 말하세요. 아이에게 공을 굴리고 아이가 두 손으로 컵을 잡은 채로 공을 잡는지 보세요.
5. 아이에게 다른 컵을 주며 "한 손에는 빨간 컵을 들고 다른 손에는 파란 컵을 들어 보렴. 내가 이제 어떤 컵으로 공을 잡을지 말할 거야."라고 말하세요. 공을 굴리면서 "파란 컵."이라고 말하세요. 다시 공을 굴리면서 "빨간 컵."이라고 말하세요. 색깔을 무작위 순서로 말하세요.

발달 기술

- (통에서 테니스 공을 꺼내기 위한) 편측성
- (테니스 라켓을 사용하기 위한) 중심선 교차
- (테니스 공을 치기 위한) 시각처리

난이도 높이기

- 공을 아이의 오른쪽으로 굴리세요. 아이에게 반대쪽 손(왼손)을 이용해서 공을 잡아 보라고 하세요.
- 공 굴리는 속도를 다양하게 해 보세요.
- '빨간 컵'과 '파란 컵'보다는 '오른쪽'과 '왼쪽'이라고 해 보세요.

- 빨간 컵과 파란 컵에 노란 컵과 초록 컵도 추가해 보세요. 아이에게 손을 머리 위에 올려놓게 한 다음에, 아이에게 공을 굴리면서 컵 색깔을 말해 주세요.

살펴보기

- 아이가 컵으로 공을 멈추나요?
- 아이가 공이 굴러오는 방향과 반대쪽 손으로 멈추게 해야 할 때, 올바른 손을 사용하나요?
- 아이가 알맞은 색깔의 컵을 사용하나요?

내가 어디 있게?

준비물

- 아이가 들어가서 숨을 수 있을 만큼 커다란 상자

활동 방법

1. "이 상자 안에 들어가서 숨을 수 있겠어? 네 몸이 전부 다 들어가게 꼭꼭 숨어 봐."라고 말하세요.
2. "두 손을 상자 밖으로 꺼낼 수 있겠어? 다른 건 말고 두 손만."이라고 말하세요.

3. 아이에게 아래에 있는 신체부위만 상자 밖으로 꺼내 보게 하세요.
- 머리
- 무릎
- 팔꿈치
- 머리와 발(다른 부위는 안 돼요!)

발달 기술

- ('가라사대' 놀이를 하기 위한) 신체지각
- (피구 게임을 하기 위한) 운동계획
- (숨바꼭질을 하기 위한) 공간지각

난이도 높이기

- 신체부위들의 더 복잡한 조합을 사용해 보세요.
    - 발 하나와 손 하나
    - 양 팔꿈치와 발 하나
    - 배
    - 혀
- 방향을 반대로 바꿔서, 아이가 상자 밖에 있으면서 각 신체부위를 상자 안으로 집어넣게 해 보세요.

살펴보기

- 아이가 요구된 신체부위를 아나요?
- 아이가 몸의 다른 부위는 상자에 감춘 채로, 요구된 신체부위만 보이게 몸을 조정하나요?

동작 묘사 단어 따라 하기

준비물
- 필요한 준비물 없음

활동 방법

1. "내가 동작을 묘사하는 단어 '폴짝폴짝'을 말할 거야. '폴짝폴짝'은 어떤 동작을 묘사하는 단어인지 그 단어를 말하고, 그 동작을 만들어 볼래? 점프하기! 맞아!"
2. 아이에게 다음과 같은 동작을 묘사하는 단어들을 사용해서 단어의 운율을 맞추면서 움직임 동작을 실지로 해 보라고 하세요.
    - 폴짝폴짝 – 점프하기
    - 착착 – 행진하기
    - 씽씽 – 달리기
    - 살금살금 – 발끝으로 걷기
    - 엉금엉금 – 기기

발달 기술

- (운율을 맞추어 이야기하기 위한) 청각처리
- (배우 역을 연기하기 위한) 운동계획
- (배우 의상을 입기 위한) 고유수용감각

난이도 높이기

- 동사 단어 없이 동작 묘사 단어들만 연이어 사용하여, 아이에게 동작을 바꾸게 해 보세요.
- 아이에게 여러분을 움직이게 할 다른 동작 묘사 단어들을 생각해 내게 하세요.

살펴보기

- 아이가 동작 묘사 단어들을 인지하나요?
- 아이의 움직임이 정확한가요?

고급 활동

교차로

준비물

- 긴 밧줄

활동 방법

1. 아이에게 바닥에 밧줄을 펼쳐 놓는 것을 도와달라고 하세요.
2. 아이에게 밧줄의 한쪽 끝에서 다른 쪽 끝까지 밧줄 위로 걸어 보라고 하세요. 아이가 줄타기를 하는 것처럼 밧줄 위에서 균

형을 잡을 수도 있고, 한 발은 줄 위에 놓은 채 다른 한 발은 바닥에 놓고 걸을 수도 있어요.
3. 그리고 아이에게 밧줄을 어떤 한 부분에서 교차시키게 하세요.
4. 아이에게 다시 밧줄의 끝에서 끝까지 걸어 보게 하세요. 아이가 교차 지점에서 방향을 틀지 않고 교차 지점을 건너서 밧줄이 이어진 대로 따라 걷게 하세요.
5. "이제 밧줄이 두 번(세 번, 네 번) 교차하게 만들어 볼 수 있겠니?"라고 말하세요.
6. 아이에게 다시 밧줄 끝에서 끝까지 걸어 보게 하세요. 아이가 교차 지점들에서 방향을 틀지 않고 밧줄이 이어진 대로 계속 따라 걷게 하세요.

발달 기술

- (커브 길에서 자전거를 타기 위한) 평형감각
- (유턴을 할 때 핸들을 돌리기 위한) 중심선 교차
- (고깔콘들 사이사이로 자전거를 타기 위한) 공간지각

난이도 높이기

- 아이에게 밧줄을 두 발 사이에 두고 점프하면서 가 보라고 하세요.

- 밧줄로 바닥에서 많은 교차 지점과 지그재그 모양들을 만들어 보세요.
- 아이에게 바닥에 놓인 밧줄의 모양을 칠판이나 종이에 그대로 그려 보라고 하세요.

살펴보기

- 아이가 각 교차 지점에서 올바른 경로로 가나요?
- 아이가 바닥에 놓인 밧줄 모양을 따라 종이에 그릴 때, 연필을 들어 올리지 않고 한번에 교차 지점들을 정확히 그려 내나요?

뛰면서 철자 말하기

준비물
- 분필

활동 방법

1. 땅바닥에 '정사각형 네 개'를 그려 보세요. 어떤 글자 네 개를 사용할지는 아이와 결정하세요. 이 예시에서는 'ㄹ' 'ㄷ' 'ㅆ'

'ㅏ'를 사용할 거예요. (모음이 최소한 한 개 이상 있어야 합니다.)

2. "'ㄷ' 위에 올라가 보렴. 이제 두 발을 함께, 순서대로 뛰어서 '달'이 되게 해 봐."라고 말하세요.

3. 다음과 같은 단어들을 점프해서 만들어 보게 하세요.
   - 쌀
   - 싸다
   - 달라
   - 달다

4. 글자를 바꿔서 아이가 새로운 단어를 만들어 뛰어 보게 하세요.

발달 기술

- (쌍안경으로 볼 때 집중하기 위한) 양측협응
- (숲속을 걷기 위한) 운동계획
- (새를 발견하고 알아보기 위한) 시각처리

난이도 높이기

- 아이보고 한 발로 뛰어 보라고 하세요.
- 더 긴 단어를 만들기 위해 사각형들을 더 여러 개 붙이고 글자도 더 늘리세요.

살펴보기

- 아이가 점프할 때 두 발이 동시에 땅에 닿나요?
- 아이가 단어를 올바르게 만들어 내나요?

접시로 해 보자, 해 보자

준비물
- 종이 접시

활동 방법

1. 아이에게 종이 접시를 주며 "자, 잘 들어 봐. 내가 천천히 박수를 칠 거야. 처음 두 번 칠 때는 내가 너한테 무엇인가를 하라고 할 거야. 그다음으로 두 번 칠 때는 내가 말한 행동을 네가 하는 동안에 '해 보자, 해 보자'라고 말할 거야."라고 말하세요. 일정한 박자로 박수를 두 번 치며 "접시를 신발에."라고 하고, 다시 박수를 두 번 치며 "해 보자, 해 보자."라고 말하

세요.

2. 아이가 접시를 신발에 갖다 대는 것을 연습한 후에, 계속해서 박수를 치며 다음과 같이 다른 간단한 지시들을 해 보세요.
   - 접시를 머리에,   해 보자,   해 보자.
   - 접시를 팔꿈치에,   해 보자,   해 보자.
   - 접시를 턱 밑에,   해 보자,   해 보자.
   - 접시를 다른 손에, 해 보자,   해 보자.

3. 역할을 바꿔서 아이가 박수를 치면서 여러분에게 종이 접시로 무엇을 할지 말해 보게 하세요.

발달 기술

- (《눈사람 프로스티(Frosty the Snowman)》*에 나오는 캐롤을 부르기 위한) 청각처리
- (눈사람을 꾸며 주기 위한) 신체지각
- (눈사람을 만들기 위한) 운동계획

난이도 높이기

- 박수와 지시 내리기 속도를 점점 빨리 해 보세요.
- 아이가 한 발로 서서 지시를 따라 하게 해 보세요.

---

* 역주: 눈사람이 살아나서 친구가 되며, 해마다 성탄절에 다시 찾아올 거라는 내용의 어린이 만화 영화

- 아이가 박수를 치며 여러분에게 지시하게 해 보세요.

살펴보기

- 아이가 접시를 옮길 때 신속하고 정확하게 반응하나요?
- 아이가 지시할 때 리듬에 맞게 말하고 박수를 치나요?

일어나서 빛을 발하자

준비물
- 필요한 준비물 없음

활동 방법

1. "바닥에 앉아 보렴. 이제 일어설 수 있는 다양한 방법을 생각해 보자. 너는 어떻게 일어서는지 보여 줘 봐."라고 말하세요.
2. 아이가 서둘러 일어서려고 할 때, 다음과 같은 방법으로 일어나 보라고 말하세요.

- 한 손으로만 바닥을 짚고
- 손으로 바닥을 짚지 않고
- 눈을 감고
- 몸을 앞뒤로 흔들면서(가속도를 붙여 탄력을 받기 위해)

발달 기술

- (요가나 태권도 자세를 배우기 위한) 운동계획
- (인내와 에너지를 기르기 위한) 고유수용감각
- (어지럽지 않게 움직이기 위한) 전정처리

난이도 높이기

- 아이가 누운 자세에서 일어서 보게 하세요.
- 서로의 등을 맞대고 바닥에 앉아 보세요. 등을 서로 밀면서 일어서 보세요.

살펴보기

- 아이가 지시를 이해하나요?
- 아이가 여러분이 요구한 대로 일어나나요?

흔들리는 보트

준비물

- 필요한 준비물 없음

활동 방법

1. 아이에게 바닥에 배를 대고 엎드려서 손으로 뒤에 있는 발목을 잡게 하세요.
2. "턱을 들고, 등을 구부려서, 배만 바닥에 닿게 해 보렴."이라고 말하세요.
3. "보트처럼 앞뒤로 흔들어 볼 수 있겠니?"라고 말하세요.

발달 기술

- (훌라후프를 하기 위한) 운동계획
- (인라인 스케이트를 타기 위한) 고유수용감각
- (회전목마와 그네 타기를 즐기기 위한) 전정처리

난이도 높이기

- 아이가 얼마나 높이까지 흔들 수 있는지 보여 달라고 하세요.
- 여러분이 〈노를 저어서 바다로 가자(Row, Row, Row Your Boat)〉라는 동요를 부르는 동안 아이에게 몸을 앞뒤로 흔들게 해 보세요. 아이가 얼마나 오래 흔들 수 있나요?

살펴보기

- 아이가 뒤돌아서 보지 않고 발목을 잡나요?
- 아이가 흔드는 동작을 스스로 시작하고 유지하나요?

국제 수기신호* 놀이

준비물

- 각 사람마다 키친타월 심지 두 개, 혹은 손전등 두 개, 혹은 종이 접시 두 개

활동 방법

1. 아이에게 키친타월 심지 두 개를 주면서 "이게 깃발이라고 생각해 보자. 우리가 서로 다른 배에 타고 있는 선원인데, 서로 의사소통을 해야 하는 거야. 이 '깃발'들을 이용해서 의사소통할 수 있는 수기신호를 보내 볼 거야."라고 말하세요.
2. 여러분이 두 개의 '깃발'을 들고, "네가 나에게서 주목을 받고 싶으면 네 깃발을 들어서 팔을 쭉 뻗어 'V'자 모양이 되게 한 다음에, 이렇게 몸통 옆에서 위아래로 팔을 움직이는 거야. 이 신호는 '주목하세요!'라는 뜻이야."라고 말하고, 실제 행동으로 보여 주세요.

---

* 역주: 양팔에 수기를 들고 정해진 바에 따라 A~Z까지의 문자를 양팔로 그리는 동작을 만들어 통신문을 보내는 것으로 국제 간에 공용되고 있음(시작, 끝, 휴식을 알리는 간단한 동작이 규정되어 있음)

3. "내가 너의 신호를 보고 나서, 내가 너에게 주목하고 있다는 것을 내 깃발로 보여 줄 수 있어. 이 동작은 '확인했어요!'인데, 이렇게 양팔을 옆으로 쭉 벌리는 것으로 표현하는 거야." 라고 말하고, 실제 행동으로 보여 주세요.

4. "한번 해 보자. 나의 주목을 받기 위해 네 깃발을 움직여 봐. 내가 확인했다고 알려 줄게. 잘했어. 이제 내가 '주목하세요!'를 할 테니까 네가 '확인했어요!'를 하는 거야. 잘했어!"라고 말하세요.

5. "이제 영어 인사 'Hi!'는 수기신호로 어떻게 하는지 해 보자. 먼저, 두 개 깃발 모두가 오른쪽으로 가는 거야. 'H'는 오른손은 그대로 옆으로 쭉 핀 채로 왼손은 너의 오른발을 가리키는 거야. 'I'는 오른손은 비스듬하게 위로 뻗어 올리고 왼손은 그대로 오른발을 가리키는 거야. 내가 보여 줄 테니까 따라 해 봐."라고 말하고 행동으로 보여 주세요.

6. "선원이 수기신호를 하는데 지치면 '휴식합시다!'라고 말할 수 있어. 그것은 이렇게 허벅지 앞으로 두 손을 교차시키는 거

야."라고 말하세요.

발달 기술

- (축구 경기장에서 관람석 자리를 찾기 위한) 방향성
- (축구 경기 관람석에서 '파도 타기'를 하기 위한) 고유수용감각
- (경기장 관람석에서 경기를 눈으로 추적하기 위한) 시각처리

난이도 높이기

- 아이가 국제 수기신호로 글자와 숫자를 표현하는 법을 배워서 진짜 대화를 하게 해 보세요. www.inquiry.net/outdoor/skills/b-p/signaling.htm이나 www.braingle.com/brainteasers/codes/semaphore.php에 접속해 보세요.
- 가족끼리 가족신호를 만들어 보세요. 예를 들면, 다음과 같습니다.

○ 양손을 가슴 앞으로 모아 굴리기='준비 다 됐어요.'
○ 한 발로 서서 다른 쪽 발과 두 팔을 공중에 뻗는 것='할머니께 전화 드리자.'

살펴보기

- 아이가 여러분의 자세를 따라 하나요?
- 아이가 '깃발'을 적절하게 움직이나요?

가위가 되어 보자!

준비물

- 작거나 큰 트램펄린

활동 방법

1. "트램펄린 한가운데에 서 보렴. 나를 보고 서서, 가위질하는 것처럼 다리를 벌렸다 오므렸다 하면서 뛰는 거야. 팔은 사용

하지 않는 거야. 다리 벌려, 다리 오므려, 다리 벌려, 다리 오므려."라고 말하세요.
2. 아이가 다리를 움직여서 규칙적으로 점프할 수 있게 되면 "이제 팔만 움직이면서 점프해 보렴. 다리는 그대로 두고. 팔 올리고, 팔 내리고, 팔 올리고, 팔 내리고."라고 말하세요.
3. 아이가 팔을 올리고 내리면서 점프할 수 있으면 "이제 팔과 다리를 같이 움직여서 팔 벌려 뛰기를 해 보자."라고 말하세요.

발달 기술

- (빨랫줄에 젖은 빨래를 널기 위한) 양측협응
- (수영하기 위한) 고유수용감각
- (다이빙대에서 뛰어내리기 위한) 전정처리

난이도 높이기

- 아이에게 다리만 사용해서 "오므리고, 오므리고, 벌리고." 또는 "벌리고, 오므리고, 오므리고, 벌리고."와 같은 패턴으로 점프하게 해 보세요.
- 아이에게 팔만 사용해서 "아래로, 아래로, 위로." 또는 "위로, 아래로, 아래로, 위로."와 같은 패턴으로 점프하게 해 보세요.
- 아이에게 팔 벌려 뛰기를 반대로 하게 해 보세요. 아이가 다리

를 벌릴 때 팔은 몸에 붙이고, 다리를 오므릴 때 팔은 벌리는 것입니다.

살펴보기

- 아이가 팔과 다리를 따로, 그리고 함께 사용하면서 규칙적 패턴으로 점프할 줄 아나요?
- 아이가 요구된 패턴대로 점프하나요?
- 아이가 트램펄린 가운데에 계속 있나요?

길이 맞히기

준비물

- 20~30cm 정도의 줄

활동 방법

1. "이 줄을 받으렴. 나에게도 줄이 있어. 우리는 이 줄을 가지고 방에 있는 물건들의 길이를 재 볼 거야."라고 말하세요.
2. "나는 방 저편의 탁자 위에 있는 액자를 보고 있어. 내가 액

자가 어느 정도의 넓이라고 생각하는지를 이 줄로 보여 줄 게."라고 말하세요. 두 손으로 줄을 수평으로 잡은 다음, 액자의 넓이라고 생각하는 정도의 길이만큼을 아이에게 보여 주세요.
3. 여러분의 추정이 정확한지 알아보기 위해 줄을 팽팽히 잡은 채, 액자로 걸어가서 대 보세요.
4. "이제 네 차례야. 저기 책장에 꽂힌 빨간 책을 봐 봐. 저 책의 키가 어느 정도 된다고 생각하는지 네 줄로 보여 줘 봐."라고 말하세요.
5. "이제 줄을 팽팽히 잡은 채로 책 있는 곳으로 가서 줄을 책에다 대 봐. 얼마나 비슷하게 맞췄니?"라고 말하세요.

발달 기술

- (삽을 사용하기 위한) 양측협응
- (삽으로 흙을 들어 올리기 위한) 고유수용감각
- (땅의 파인 부분 크기를 추정하기 위한) 시각처리

난이도 높이기

- 아이에게 점프해서 측정한 물건 쪽으로 가 보라고 하세요.
- 측정한 물건 쪽으로 갈 때, 팽팽히 잡은 줄을 머리 위로 들고 가 보라고 하세요.

살펴보기

- 아이의 측정이 정확한가요?
- 아이가 이동할 때 줄을 팽팽하게 잡고 가나요?

재빨리 밀어내고 끌어당기기

준비물
- 종이 접시

활동 방법

1. 아이에게 한 발을 종이 접시 위에 올리고 서 보라고 하세요.
2. "우리가 천천히 4까지 세는 동안 종이 접시를 바깥쪽으로 밀

어 봐. 다시 4까지 세는 동안 안쪽으로 밀어 넣어 봐."라고 말하세요.
3. 다음으로 천천히 숫자를 세는 동안 종이 접시를 앞으로 밀어 냈다가 다시 중앙으로 오게 하고, 뒤로 밀어냈다가 다시 중앙으로 오게 해 보라고 하세요.
4. 아이에게 발을 바꿔서 해 보라고 하세요.

발달 기술

- (아이스 스케이트를 탈 때 똑바로 서 있기 위한) 평형감각
- (발로 숫자 8 모양을 만들기 위한) 방향성
- (스케이트를 타기 위한) 편측성

난이도 높이기

- 아이에게 종이 접시를 몸의 앞쪽과 뒤쪽에서 대각선 방향으로 밀어 보게 하세요.
- 아이가 쪼그리고 앉아서 다리를 쭉 뻗어서 종이 접시를 더 멀리 밀어 보게 하세요.
- 아이에게 종이 접시를 가지고 동그라미, 세모, 네모를 '그리게' 해 보세요.

살펴보기

- 아이가 균형을 유지하나요?
- 아이가 발을 안쪽과 바깥쪽으로 부드럽게 밀고 당기며 움직이나요?
- 아이가 양쪽 발로 모두 쉽게 접시를 밀어내고 끌어당기나요?

회전문

준비물

- 작거나 큰 트램펄린

활동 방법

1. 작은 트램펄린을 방 중앙에 놓으세요. 아이가 트램펄린에서 뛰면서 향하게 될 네 가지 방향을 가리킬 단어들을 고르세요. (예를 들면, '나' '벽' '문' '탁자'와 같은) 이 단어들이 아이가 '향할

곳'이 될 거에요.
2. "트램펄린 가운데 서 보렴. 이제 나를 보고 점프해 봐."라고 말하세요.
3. "벽을 보고 계속 뛰어 봐. 이제, 계속 뛰면서 다시 나를 봐 봐. 잘했어!"라고 말하세요.
4. "이제 내가 단어들을 말할 거야. 계속 뛰면서 그 단어를 들으면, 곧바로 그곳을 향하면 돼. 준비됐어? 나! 벽! 잘했어! 이번엔 이렇게 해 보자. 문! 벽! 나!"라고 말하세요. '향할 곳'들의 단어를 바꾸기 전에 아이가 몇 번 정도 뛸 수 있게 시간을 주세요. 처음에는 두 곳으로 시작해서 아이가 익숙해지면 여러 곳으로 늘려 가세요.

발달 기술

- (식탁에서 소금을 요청 받았을 때 후추가 아니라 소금을 건네주기 위한) 청각처리
- (접시를 식탁으로 가져오기 위한) 양측협응
- (어느 방향으로 접시를 건네주는지 알기 위한) 방향성
- (식탁에 편안히 앉기 위한) 전정처리

난이도 높이기

- 더 다양한 방향을 가리키는 단어를 사용해 보세요.

- 아이가 마주 향할 것들이 무엇인지 알려 주는 대신에 오른쪽, 왼쪽이라고 말해 보세요.

살펴보기

- 아이가 움직이는 방향이 정확한가요?
- 아이가 양발로 동시에 점프하나요?

벽 따라 공 굴리기

준비물

- 마스킹 테이프
- 테니스 공
- 마스킹 테이프 자국이 남지 않을 벽

활동 방법

1. 벽에 아이의 어깨 높이 정도 되는 곳에 수평으로 반듯하게 2m 정도 길이의 마스킹 테이프를 붙여 주세요.

2. 아이에게 테니스 공을 주세요. 아이에게 테이프의 왼쪽 끝이 시작점이라고 알려 주면서 "손으로 이 공을 테이프를 따라서 테이프 끝까지 어떻게 굴릴 수 있는지 보여 줘."라고 말하세요.

3. 아이가 테이프를 따라서 공을 굴리는 것을 몇 번 성공하면, 테이프를 뜯어서 구겨 끈끈이 뭉치를 만들라고 하세요. 이 끈적거리는 테이프 뭉치는 나중에 재미있는 '깜짝놀이'를 위해 한 곳에 놓아두세요.

4. 테이프를 벽에 다양한 모습으로 붙이면서 계속하세요.
- 곡선
- 수직선(팔이 닿을 수 있는 곳부터 시작해서 바닥까지)
- 평행하는 두 개의 수직선: 아이가 양손을 이용해서 공 두 개를 위에서부터 아래까지 굴리게 해 보세요.

5. 아이에게 끈끈이 뭉치들을 다 모으게 하세요. "이 뭉치들을 찌그러뜨려서 하나의 큰 공으로 만들어 봐. 이제 던지고 놀아 보자!"라고 말하세요.

발달 기술

- (흘림글씨체로 글씨를 쓰기 위한) 방향성
- (물감을 짜기 위한) 고유수용감각
- (가위나 색연필 같은 학용품을 다루기 위한) 촉각처리

- (줄이 그어진 노트에 글씨를 쓰기 위한) 시각처리

난이도 높이기

- 아이에게 테이프를 따라서 공을 움직일 때 한 번에 한 손만 사용하게 하세요. 아이가 다른 쪽 손으로도 반복해 보게 하세요.
- 마스킹 테이프를 곡선보다는 각지게 붙여 보세요.
- 아이가 벽에 자기 마음대로 테이프를 붙여 보게 하세요.

살펴보기

- 아이가 공을 굴릴 때, 선을 잘 따라 굴리나요?
- 아이가 선의 변화를 인지하나요?

메모

메모

저자 소개

Joye Newman, MA

지각운동치료사(perceptual motor therapist)이다. 지각운동치료(Perceptual Motor Therapy: PMT)는 어린이나 성인의 기본동작과 학습능력을 발달시키고 강화시키는 데 도움이 된다. 1979년에 Joye는 조지 워싱턴 대학교(George Washington University)에서 지각운동발달을 세부전공으로 하여 교육과 인간발달 영역에서 석사학위를 받았다. Joye는 행동검안법(behavioral optometry)*과 작업치료, 심리학을 그녀의 석사과정과 통합시켜서 자신만의 지각운동치료법을 개발했다.

Joye는 '어린이 움직임 회사(Kids Moving Company: KMC)'를 설립해서 운영해 오고 있다. 그녀가 KMC를 시작한 이유는 많은 아이가 집이나 학교에서 움직이는 것을 격려받지 못한다는 사실을 걱정했기 때문이었다. 실제로 그녀는 오히려 많은 아이가 움직이는 것이 만류되고 있음을 발견했다. 그녀는 아이들이 발달적으로 적합한 환경에서 움직이고, 놀고, 생각할 장소를 제공하고 싶었다. 원래 KMC는 스튜디오 세팅에서 아이들에게 즐겁고 기능적인 활동, 지각운동치료, 생일파티 등을 제공했었다. 오늘날에는 Joye가 학교 프로그램, 개별평가, 부모상담(자

---

* 역주: 시각치료라고도 하며, 기존의 안과 진료를 넘어 시각과 뇌 사이의 역동적 관계를 탐구하는 치료법으로, 시각적 인식이나 시선 추적, 초점의 문제 등을 다룸

녀들이 하는 모든 일에서 더욱 자신 있고 유능해지도록 부모가 어떻게 도울 수 있는지 이해하도록 도와주는 것)에 초점을 맞추기 시작하면서, KMC의 스튜디오 부분은 문을 닫았다.

 Joye는 Washington Independent Services for Educational Resources(WISER)[*]의 창립회원이자 최초 교육의장이었고, 워싱턴 DC의 유대인 초등학교 공동 창립자였으며, 유대인 교육위원회의 유아 특수 지원 컨설턴트였다. 그녀는 지역 유아교육기관들이 움직임 프로그램을 개발하고 돕는 컨설팅에서 학교 준비(school readiness),[**] 창의적 움직임, 지각운동발달에 대해 강의하고 있다. Joye는 메릴랜드주에서 살고 있으며, 성인이 된 세 자녀가 있다. 그녀의 웹사이트는 www.kidsmovingco.com이다.

Carol Kranowitz, MA

워싱턴 DC에 있는 세인트 컬럼바 유아학교(St. Columba's Nursery School)에서 23년 동안 음악과 동작교사로 일했다. 그녀는 이 기간 동안에 '신체 동기화가 어긋난(out-of sync)' 수많은 아이를 보았다. 그런 아이들은 불편하거나 서툴러 보였고, 운동장을 가로질러 걷기, 손잡기, 원을 만들어 게임하기, 장애물 코스 통과하기 등 일상적인 활동을 어려워하는 것으로 보였다. 이런 아이들이 놀이와 활동에서 더욱 유능해질 수 있도록 돕기 위해서, Carol은 감각처리장애(sensory

---

[*] 역주: 워싱턴 DC 지역에서 학습이나 접근성에 도움이 필요한 학생과 개인에게 서비스를 제공하는 분야에서 일하는 전문가들을 위한 학제 간 조직

[**] 역주: 아이가 정상적인 학교 학습을 받을 수 있는 상태로 성장되는 것

processing disorders)라고 부르는 좀 더 일반적인 장애에 대해 공부하기 시작했다. 감각처리장애는 접촉, 균형 및 움직임의 감각과 같은 감각 정보를 해석하고 사용하는 데 있어서 어려움을 야기하고, 일상생활에서 원활하게 기능하지 못하게 한다.

　1980년대에 Carol은 작업치료사의 도움으로 감각처리장애가 있는 유아들을 선별하기 시작했다. 그들은 감각장애의 가능성이 있는 아이들을 일차적 치료인 작업치료로 안내했다. 그들은 지각적 움직임에 문제가 있는 아이들(그리고 감각처리장애 가능성이 있는 아이들)을 의도적인 신체활동을 하도록 이끌어 주었다. 이런 의도적 신체활동은 Joye Newman의 '어린이 움직임 회사(Kids Moving Company)'와 같은 곳에서 가장 잘 목격할 수 있다.

　Carol은 바나드 대학(Banard College)에서 학사학위를 받았으며, 조지 워싱턴 대학교의 교육과 인간발달 영역에서 석사학위를 받았다. 그녀는 『신체동기화가 어긋난 아이(The Out-of-Sync Child)』와 『신체동기화가 어긋난 아이의 즐거움(The Out-of-Sync Child Has Fun)』을 집필했고, Joye Newman과 『신체동기화된 아이로 자라기: 모든 아이가 발달하며, 학습하고, 성장하도록 돕기 위한 간단하고 재미있는 활동들(Growing an In-Sync Child: Simple, Fun Activities to Help Every Child Develop, Learn, and Grow)』을 공동 집필했다. 『그 정도면 괜찮은 가족의 신체동기화(The Goodenoughs Get In Sync)』『유아교육기관의 SENSE(Preschool SENSE)』를 포함한 그녀의 다른 자료들은 'Sensory World'의 출판물들이다. Carol은 그녀의 책들과 국제적 워크숍에서 부모, 교육자, 다른 전문가들을 대상으로 감각 문제가 어떻게 진행되는지에 대해 설명하면서, 가정과 학교에서 이런 문제들을 해결할 수 있는 즐거운 전략들을 제안한다. Carol은 '감각치료와 연구소[The Sensory Therapy And

Research(STAR) Center]'의 이사이다. 그녀는 메릴랜드주에서 살고 있으며, 다섯 손주가 있다. 그녀의 웹사이트는 www.out-of-sync-child.com 이다.

이 책은 저자들의 책 『신체동기화된 아이로 자라기: 모든 아이가 발달하며, 학습하고, 성장하도록 돕기 위한 간단하고 재미있는 활동들』에 기반하고 있다.

역자 소개

양명희(Yang Myounghee)

University of Oregon, MA 특수교육 전공
University of Oregon, Ph D. 특수교육 전공
전 전주대학교, 광신대학교 교수
현 우물가배움터 대표

김은진(Kim Eunice Unjin)

한동대학교, BA 생명과학/컴퓨터공학 전공
광주대학교, BA 작업치료학 전공
University of Wisconsin-Milwaukee, MSOT 작업치료학 전공

아이들의 신체동기화를 위한

쉽게 따라 하는 감각놀이 모음집
– 아이의 발달과 학습 및 성장을 돕는 50가지 간단한 놀이 활동 –

The In-Sync Activity Card Book:
50 Simple Activities to Help Children Develop, Learn, and Grow!

2025년 9월 10일 1판 1쇄 인쇄
2025년 9월 20일 1판 1쇄 발행

지은이 • Joye Newman · Carol Kranowitz
옮긴이 • 양명희 · 김은진
펴낸이 • 김진환
펴낸곳 • (주) **학지사**

04031 서울특별시 마포구 양화로 15길 20 마인드월드빌딩
대표전화 • 02)330-5114   팩스 • 02)324-2345
등록번호 • 제313-2006-000265호

홈페이지 • http://www.hakjisa.co.kr
인스타그램 • https://www.instagram.com/hakjisabook

ISBN 978-89-997-3497-7 03370

정가 19,000원

역자와의 협약으로 인지는 생략합니다.
파본은 구입처에서 교환해 드립니다.

이 책을 무단으로 전재하거나 복제할 경우 저작권법에 따라 처벌을 받게 됩니다.

출판미디어기업 **학지사**

간호보건의학출판 **학지사메디컬** www.hakjisamd.co.kr
심리검사연구소 **인싸이트** www.inpsyt.co.kr
학술논문서비스 **뉴논문** www.newnonmun.com
교육연수원 **카운피아** www.counpia.com
대학교재전자책플랫폼 **캠퍼스북** www.campusbook.co.kr